HONG KONG

Libre Expression

Une compagnie de Quebecor Media

Gauche **Star Ferry** Centre **Jardin aux oiseaux** Droite **Vue du Peak**

Libre Expression
Une compagnie de Quebecor Media

DIRECTION
Nathalie Pujo

RESPONSABLE DE PÔLE ÉDITORIAL
Cécile Petiau

RESPONSABLE DE COLLECTION
Catherine Laussucq

ÉDITION
Émilie Lézénès et Adam Stambul

TRADUIT ET ADAPTÉ DE L'ANGLAIS PAR
Véronique Dumont et Cécile Beaucourt
avec la collaboration d'Hélène Bertini

MISE EN PAGES (PAO)
Maogani

Ce guide Top 10 a été établi par
Mike Gerrard et Donna Dailey

Publié pour la première fois en Grande-
Bretagne en 2002 sous le titre
*Eyewitness Top 10 Travel Guides :
Top 10 Hong Kong*
© Dorling Kindersley Limited, Londres 2009.
© Hachette Livre (Hachette Tourisme) pour
la traduction et l'édition françaises 2009
Tous droits de traduction, d'adaptation et
de reproduction réservés pour tous pays.

© Éditions Libre Expression, 2009
pour l'édition française au Canada

Tous droits de traduction, d'adaptation et
de reproduction réservés pour tous pays.

IMPRIMÉ ET RELIÉ EN CHINE PAR
KHL PRINTING

Les Éditions Libre Expression
Groupe Librex inc.
Une compagnie de Quebecor Media
La Tourelle
1055, boul. René-Lévesque Est, Bureau 800
Montréal (Québec) H2L 4S5

Dépôt légal : Bibliothèque et Archives
nationales du Québec, 2009

ISBN 978-2-7648-0473-5

Le classement des différents sites
est un choix de l'éditeur et n'implique
ni leur qualité ni leur notoriété.

Sommaire

Hong Kong Top 10

À ne pas manquer 6
Le Peak 8
Statue Square 10
Courses à Happy Valley 12
Star Ferry 14
Stanley 16
Marché de nuit de Temple Street 18
Heritage Museum 20
Côte de Tai Long Wan 22
Île de Cheung Chau 24
Grand Bouddha et monastère de Po Lin 28

Hong Kong thème par thème

Dates importantes 30
Découvrir la Chine profonde 32
Peuples et cultures de Hong Kong 34
Fêtes et événements 36
Marchés 38

Aussi soigneusement qu'il ait été établi,
ce guide n'est pas à l'abri
des changements de dernière heure.
Faites-nous part de vos remarques,
informez-nous de vos découvertes
personnelles : nous accordons
la plus grande attention
au courrier de nos lecteurs.

Gauche **Temple des Dix Mille Bouddhas** Centre **Lantau** Droite **Window of the World, Shenzhen**

Transports 40
Architecture
 contemporaine 42
Splendeurs naturelles 44
Circuits et promenades 46
Restaurants 48
Spécialités culinaires 50
Night-clubs 52
Activités pour
 les enfants 54

**Visiter l'île
 de Hong Kong**
Le nord-ouest 58
Le nord-est 66
Le sud 72

Visiter Kowloon
Tsim Sha Tsui 80
Yau Ma Tei, Mong Kok
 et Prince Edward 88
Le nouveau Kowloon 94

Visiter la région
Les Nouveaux
 Territoires 100
Les îles de
 l'archipel 112
Macao 118
Shenzhen 126
Guangzhou 130

Mode d'emploi
Préparer son voyage 136
À éviter 140
Santé et sécurité 141
Banques et
 communications 142
Hong Kong
 pour petits budgets 143
Faire des achats 144
Excursions 145
Hébergement 146
Index 155

Gauche **Panorama de Hong Kong** Droite **Divinité gardienne du temple**

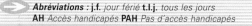

Abréviations : **j.f.** *jour férié* **t.l.j.** *tous les jours*
AH *Accès handicapés* **PAH** *Pas d'accès handicapés*

3

HONG KONG
TOP 10

À ne pas manquer
6-7

Le Peak
8-9

Statue Square
10-11

Courses
à Happy Valley
12-13

Star Ferry
14-15

Stanley
16-17

Marché de nuit
de Temple Street
18-19

Heritage Museum
20-21

Côte de
Tai Long Wan
22-23

Île de Cheung Chau
24-25

Grand Bouddha et
monastère de Po Lin
28-29

Hong Kong
thème par thème
30-55

HONG KONG TOP 10

⏲10 À ne pas manquer

« Tel un rêve, Manhattan surgissant de la mer de Chine. » Difficile de trouver plus juste que cette description concise de Hong Kong par Pico Iyer, essayiste et grand voyageur. Port de l'opium, enclave au cours de la «guerre froide», aujourd'hui capitale financière à l'activité frénétique, elle n'a jamais laissé indifférent et incarne, dans un environnement urbain hallucinant, la fusion culturelle réussie entre l'Orient et l'Occident. Ouvrez les yeux et savourez...

Le Peak
Pour jouir d'une vue saisissante sur la ville, prenez le funiculaire jusqu'à Victoria Peak *(p. 8-9)*.

Statue Square
Au nord-est de l'île de Hong Kong, le centre administratif de Statue Square offre ses vestiges coloniaux et ses tours modernes qui rivalisent de beauté architecturale *(p. 10-11)*.

Mai Po Marsh
Mai Po
Yuen Long
Sha Po Tsuen
Kam Tin
Pat Heung
Yuen Kong
Shek Kong
Lam Tei
NOUVE
Tai Lam Country Park
Yueng Siu Hang
Tin Fu Tsai
Tuen Mun
Sham Tseng
Tsuen Wan
Tsing Shan Wan (Castle Peak Bay)
Tsing Y
Shek Wan
Chek Lap Kok
Discovery Bay
Tung Chung
Lantau Island
Mui Wo
10 Lantau Peak
Cheung Sha
Chimawan Peninsula
Shek Pik
9 Cheung Chau Island
West Lamma Channel

5 ⌐————————— miles ⌐0⌐ km —————————⌐ 5

Hippodrome de Happy Valley
Champ de courses à l'ombre des gratte-ciel, Happy Valley est le rendez-vous des turfistes de l'île *(p. 12-13)*.

Star Ferry
Délaissez les tunnels ferroviaires et routiers reliant l'île de Hong Kong à Kowloon et offrez-vous une traversée de la baie riche en émotions sur le mythique Star Ferry *(p. 14-15)*.

Stanley

Au sud de Hong Kong, l'ancien fort de Stanley, imprégné d'histoire coloniale et vestige de la Seconde Guerre mondiale, offre une diversion à la frénésie de la ville (p. 16-17).

Marché de nuit de Temple Street

L'atmosphère frénétique de Kowloon atteint son paroxysme la nuit. Les rues de Yau Ma Tei sont le royaume des bonnes affaires (p. 18-19).

Heritage Museum

Près de Sha Tin, le meilleur musée de Hong Kong vous fera découvrir l'héritage culturel et l'histoire naturelle de la région. Superbes présentations audiovisuelles (p. 20-21).

Map labels:

Sheung Shui

Fanling

Pat Sin Leng Country Park

Plover Cove Country Park

Ting Kok

Shuen Wan

Tai Po

Pan Chung

Tai Po Kau

Tolo Harbour

Wu Kai Sha

Sharp Peak

TERRITOIRES

ing Mun ntry Park

Fo Tan

Ma Liu Shui

Shek Hang

Sai Kung Country Park

Tai Long Sai Wan

Sheung Kwai Chung

Pak Tin

Siu Lek Yuen

Sha Tin

Ma On Shan Country Park

Saï Kung

Tai Mong Tsai

Lion Rock Country Park

Wo Mei

Kowloon Tong

Tseng Lan Shue

Chi Kok

KOWLOON

Kowloon City

Tai Po Tsai

Mong Kok

Hung Hom

Lam Tin

eung Wan

Tsim Sha Tsui

Yau Tong

Tai Wan Tau

Central

Wan Chai

Quarry Bay

Shau Kei Wan

Hong Kong Island

berdeen

HONG KONG

Stanley

Hok Tsui Shan

Mer de Chine méridionale

amma sland

Côte de Tai Long Wan

La côte déchiquetée de la péninsule de Sai Kung, dans les Nouveaux Territoires, abrite les plus belles plages (p. 22-23).

Île de Cheung Chau

Avec ses vestiges antiques, c'est la plus exquise des îles qui entourent Hong Kong. (p. 24-25).

Grand Bouddha et monastère de Po Lin

Au cœur de l'île montagneuse de Lantau, le monastère de Po Lin attire aussi bien les touristes que les religieux. On aperçoit à des kilomètres à la ronde l'imposante statue du Grand Bouddha, qui fait face au monastère (p. 28-29).

⌘10 Le Peak

Avec son panorama spectaculaire sur Hong Kong, sa fraîcheur et ses paisibles promenades boisées, Victoria Peak séduit autant les touristes que les riches Hong-Kongais, qui vivent ici dans de somptueuses propriétés accrochées sur les pentes escarpées. Tracté par un câble unique, le funiculaire les gravit en moins de 10 minutes jusqu'au Victoria Gap; il est impressionnant, mais n'a jamais failli à sa mission.

Repas en terrasse

Le Peak Tram

🍃 **Évitez de monter au Peak** les jours de brume ou si les nuages sont trop bas : vos chances d'apercevoir la baie seraient nulles.

🍴 **Au Cafe Deco,** dans la Peak Tower, service de qualité, carte variée et décoration raffinée, mais si vous préférez une vue somptueuse sur la mer et Lamma, allez vous installer sur la jolie terrasse-jardin du Peak Lookout.

• Plan E5 • Peak Tram
t.l.j. 7h-minuit.
• aller simple/retour :
22/33 HK$ • bus 15C
depuis Central Star
Ferry • 2849 7654
• www.thepeak.com.hk

À ne pas manquer

1. Peak Tower
2. Galleria
3. Peak Lookout
4. Barker et Plantation Roads
5. Pok Fu Lam Country Park
6. La maison la plus chère du monde
7. Victoria Peak Garden
8. Old Peak Road
9. Panorama depuis le sommet
10. Lugard et Harlech Roads

Peak Tower
Le funiculaire vous déposera dans ce centre commercial sans grâce et dont la forme rappelle celle d'une enclume *(ci-dessous)* – avec terrasse panoramique, boutiques, cafés et restaurants. Il présente peu d'intérêt, sauf pour les enfants, fans probables des derniers jeux vidéo proposés par EA Experience ou du musée de cire de Mme Tussaud.

Galleria
Si l'imposante Peak Tower s'harmonise mal avec la splendeur du site, sa Galleria offre un large choix de cafés et restaurants dotés de vues superbes sur le port, la ville et l'île de Lamma.

Peak Lookout
Un lieu haut de gamme avec un beau jardin en terrasse ; très prisé pour boire un verre ou déguster une cuisine de qualité dans une ambiance chaleureuse.

4 Barker Road et Plantation Road

Promenez-vous sur ces routes non pavées, généralement paisibles, et vous apercevrez certaines des propriétés les plus luxueuses du Peak, dont celle du 23 Severn Road. La plupart jouissent d'une vue saisissante sur le port (ci-dessous), mais ne rêvez pas : ici, le moindre trois-pièces coûte une fortune !

5 Pok Fu Lam Country Park

Pour une promenade courte (30 min) et agréable, descendez par la Pok Fu Lam Reservoir Road. En bas, un bus vous ramènera en ville.

9 Panorama depuis le sommet

Le sommet est clôturé et occupé par des pylônes, mais la vue sur l'île de Lamma depuis les abords de Victoria Peak Garden est superbe.

10 Lugard Road et Harlech Road

Pour profiter de la plus jolie vue du Peak sans vous fatiguer, empruntez le chemin circulaire, goudronné et ombragé, qui longe Lugard Road et Harlech Road sur 3 km. Pour les joggers, c'est une piste magnifique.

6 La maison la plus chère du monde

En 1997, une offre de 900 millions de HK$ pour la propriété du 23 Severn Road fut refusée. Erreur ! Quelques semaines plus tard, les prix chutaient. En 2001, elle était estimée à peine au tiers du prix.

8 Old Peak Road

Le vieux sentier qui montait jusqu'au sommet du Peak avant l'apparition du funiculaire est agréable et ombragé. Attention, toutefois, à la circulation en bas de Peak Road. Détour possible, à ce niveau, par Tregunter Path.

7 Victoria Peak Garden

De beaux jardins d'accès difficile (la Mount Austin Road est pentue et la Governor's Walk interminable). Mais la récompense est au bout du chemin : la terrasse donne sur Lamma.

Le Peak Tram

Tracté par un unique câble d'acier le long d'une pente impressionnante pendant près de 10 min, ce funiculaire n'a jamais connu d'accident depuis sa mise en service en 1888. Ses perturbations les plus graves ont été causées par un violent typhon, en 1960, lorsque des torrents de boue ont emporté une partie de la voie.

TOP10 Statue Square

Statue Square, dans Central, se situe au cœur de l'activité financière, politique, historique et sociale de Hong Kong. Parmi les gratte-ciel étincelants de verre et d'acier qui l'entourent, subsistent quelques vestiges de l'époque coloniale, dont le superbe bâtiment néoclassique du Legislative Council, siège des discrètes manifestations hong-kongaises. Les adeptes du shopping, activité locale beaucoup plus populaire que la politique, trouvent leur bonheur dans les boutiques cossues qui lui font face.

Statue de
Thomas Jackson

Tour de la Bank of China

À ne pas manquer

1 Bank of China
2 Centres commerciaux
3 Cenotaph
4 Chater Garden
5 Cour d'appel
6 Legislative Council
7 Mandarin Oriental
8 Statue de Thomas Jackson
9 Siège de la banque HSBC
10 Rendez-vous dominical

🌀 Pour découvrir une vue aérienne saisissante du quartier de Central et du port, montez au 43e étage de la tour de la Bank of China.

🍴 Si vous voulez pique-niquer sur la place ou dans Chater Garden, faites un détour par le Cake Shop du Mandarin Oriental situé à quelques pas : les pâtisseries, les gâteaux et les quiches y sont sublimes.

• Plan L5.

1 Bank of China
Avec ses 70 étages et sa hauteur vertigineuse de 368 m, l'imposant siège de la Bank of China, conçu par le célèbre architecte I. M. Pei et dominant l'immeuble de la HSBC, ne fait pas l'unanimité : selon les préceptes du feng shui, il projette des vibrations négatives sur les édifices environnants.

2 Centres commerciaux
Près de Statue Square se dressent deux des centres commerciaux les plus luxueux, et bien sûr les plus chers, de Hong Kong : le trépidant Landmark Center et le Prince's Building *(p. 63)*, plus paisible. Au cœur de ces temples dédiés à la consommation, on trouve les plus grandes marques, parmi lesquelles Armani, Gucci et Prada.

3 Cenotaph
Situé au nord de Statue Square, le Cenotaph, monument commémoratif *(à gauche)*, est dédié aux morts des deux guerres mondiales.

Immeubles modernes de Hong Kong p. 42-43

Chater Garden

En dépit de la valeur immobilière inestimable du site – c'est ici que se dressait le Hong Kong Cricket Club –, le Chater Garden, petit jardin parfaitement entretenu *(ci-dessous)*, surgit ici à la place d'un immeuble. C'est un lieu idéal pour se désaltérer ou se reposer. *EG*.

Cour d'appel

Derrière l'immeuble de la HSBC, ce joli bâtiment de brique rouge vieux de 150 ans, ancienne mission catholique française et première Governor's House de l'ex-colonie, abrite aujourd'hui l'un des tribunaux de Hong Kong.

Siège de la banque HSBC

La création audacieuse de sir Norman Foster, réputée pour posséder le plus fort feng shui de Hong Kong, est l'édifice le plus cher au monde (5 billions de HK$). Pour attirer la chance sur vous, caressez les pattes des superbes lions *(ci-dessus)* qui trônent devant l'entrée.

Rendez-vous dominical

Le dimanche, des centaines de jeunes Philippines et Indonésiennes, la plupart employées de maison, se rassemblent à Central.

Legislative Council

Parmi les derniers vestiges coloniaux de Hong Kong, cet élégant bâtiment néoclassique du Legislative Council *(à droite)*, où siégeait autrefois la Cour suprême, est devenu aujourd'hui le Parlement de la ville.

Mandarin Oriental

Il fut un jour l'un des immeubles les plus hauts de Hong Kong. Aujourd'hui, si sa gracieuse façade semble engloutie par la circulation incessante, il compte toujours parmi les hôtels les plus raffinés de la ville.

Statue de Thomas Jackson

L'une des dernières statues de Hong Kong (celle d'un banquier du XIXe s.) se dresse sur Statue Square, qui reçut son nom après le déboulonnage de la statue de la reine Victoria par les Japonais.

Suffrage ignoré

Lors des négociations sur la rétrocession *(p. 31)*, la Chine promit à Hong Kong un Parlement aussi démocratique sous son autorité que sous celle des Britanniques (avec échanges et discussions – ce qui ne fut pas le cas). Quand Chris Patten, le dernier gouverneur, essaya d'introduire une plus forte représentation, les Chinois le traitèrent de « serpent » et de « prostitué ».

Moments clés de l'histoire de Hong Kong **p. 30-31**

🔟 Courses à Happy Valley

Acclamer les vainqueurs alors que la terre tremble sous les sabots des chevaux est un moment inoubliable et incontournable de la nuit hong-kongaise. Ancien marais, cette bande de terre plane, la plus large de l'île de Hong Kong, est le théâtre de courses hippiques depuis 1846. Aujourd'hui, celles-ci se disputent à l'ombre des gratte-ciel qui scintillent dans la nuit et font de ce champ de courses le plus pittoresque au monde.

Un gagnant

Parade précédant la course

🏇 Si vous n'avez pas l'intention de passer toute la soirée à l'hippodrome, arrivez après les premières courses, lorsque l'entrée est libre.

🍴 Le Moon Koon Restaurant (2966 7111), situé au 2e étage de la tribune principale, sert une cuisine correcte à des prix raisonnables. Mieux vaut réserver les soirs de courses.

• À moins de 1 km au sud de Causeway Bay et Wanchai sur l'île de Hong Kong • plan P6
• rencontres régulières mer., sam., dim.
• informations sur les courses au 1817
• www.hkjc.com
• entrée 10 HK$
• Racing Museum 2966 8065, EG
• Come Horseracing Tour 2723 1808, 2368 7111, tél. pour tarifs.

À ne pas manquer

1. Courses du mercredi soir
2. Grand écran
3. Racing Museum
4. Restaurant Moon Koon
5. Come Horseracing Tour
6. Squelette de Silver Lining
7. La foule
8. Les paris
9. Où parier
10. Jockey Club

1 Courses du mercredi soir

Les courses les plus saisissantes ont lieu le mercredi soir, deux fois par mois. Pour bien vous imprégner de l'atmosphère, prenez le tram bondé menant à Happy Valley en lisant l'édition du mercredi du *Racing Post*. En général, première course à 19 h 30.

2 Grand écran

Face à la tribune *(ci-dessous)*, l'immense écran retransmet les statistiques des dernières courses nécessaires aux turfistes pour coter les suivantes. Diffusion de courses en direct, rediffusions pour les distraits.

3 Racing Museum

Un petit musée impeccable. L'histoire des courses à Hong Kong y est relatée, ainsi que celle de l'ancien commerce des prestigieux poneys mongols et chinois. On découvre aussi une belle collection d'objets d'art chinois célébrant le cheval. Ne pas combiner la visite avec une soirée à l'hippodrome : le musée ferme durant les courses.

4 Restaurant Moon Koon
Pour jouir d'une vue fantastique sur le champ de courses tout en vous restaurant. Forfaits courses/repas.

7 La foule

Malgré sa capacité de 55 000 spectateurs, l'hippodrome de Happy Valley est souvent complet avant même le jour des courses. Pour profiter au mieux de la frénésie ambiante et avoir un bon angle de vue sur la ligne d'arrivée, glissez-vous dans l'espace situé le long du champ de courses.

9 Où parier
Pour parier, procurez-vous les tickets près des comptoirs situés à l'arrière de chaque étage de la tribune principale. Une fois les grilles remplies, allez les faire valider en apportant vos mises auprès de ces mêmes comptoirs, où vous irez ensuite récupérer vos gains si vous gagnez (il faut attendre quelques minutes après la course).

10 Jockey Club
Pour parier, demandez l'aide des employés du Jockey Club, aux cabines situées entre l'entrée principale et le champ de courses : ils sont serviables et d'excellent conseil. Ce club, dont les profits vont à des œuvres de charité locales, est la seule organisation autorisée à prendre des paris à Hong Kong. La taxe collectée, menacée par les paris illégaux sur le Net, constitue un pourcentage faible mais significatif des revenus du gouvernement.

5 Come Horseracing Tour
Splendid Tours et Grey Line proposent le Come Horseracing Tour lors des courses des mercredi, samedi et dimanche. Le forfait comprend une entrée au club des membres, une boisson de bienvenue, un buffet et la présence d'un guide.

6 Squelette de Silver Lining
Silver Lining, le cheval le plus célèbre de Hong Kong, fut le premier à remporter plus de 1 million de HK$. Son squelette est fièrement exposé dans une vitrine du Racing Museum.

8 Les paris
Il existe différents types de paris : le simple gagnant (sur le cheval vainqueur) ; le simple placé (sur un cheval en 1re ou 2e position, ou en 1re, 2e ou 3e position si la course comporte 7 chevaux ou plus); le jumelé gagnant (deux premiers chevaux), et le jumelé placé (deux des trois premiers) dans le désordre.

Le gain le plus important

En 1997, record mondial à l'hippodrome de Sha Tin avec un gain de 92 millions de HK$: pour une mise de 1,30 HK$, plus de 350 personnes empochèrent chacune 260 000 HK$.

Hong Kong Top 10

🔟 Star Ferry

Le Star Ferry reliant Kowloon et Hong Kong depuis 1888 est une institution chère au cœur de la population. Aujourd'hui, ses imposantes reliques vert et blanc datant des années 1950 et 1960 traversent toujours la baie, en dépit de l'apparition des tunnels ferroviaires et routiers, offrant un point de vue saisissant sur les gratte-ciel et la jungle des collines de l'île de Hong Kong. Sensations garanties la nuit, lorsque le port brille de mille feux, et notamment lors des illuminations de Noël.

Jonque

Membres d'équipage du Star Ferry

🕐 **Idéal pour se procurer des brochures, s'informer et acheter, entre autres souvenirs, des modèles réduits du Star Ferry : le bureau du HKTB dans le bâtiment du Star Ferry, à Tsim Sha Tsui.**

☕ **Au Pacific Coffee Company, à l'intérieur du terminal, café correct ou limonade bien fraîche, à déguster avec les cookies gratuits de Mrs Fields.**

• *Plan L4* • *ferries t.l.j. 6h30-23h, toutes les 6 à 12 min*
• *possibilité de visiter le port en ferry*
• *www.starferry.com.hk*
• *2367 7065.*

À ne pas manquer

1. Flotte
2. Équipage
3. Clock Tower
4. Trajets
5. Panorama sud
6. Victoria Harbour
7. Tourisme économique
8. Les ponts
9. Ocean Terminal
10. Panorama nord

1 Flotte
À l'origine, seuls quatre bateaux alimentés au charbon naviguaient entre Hong Kong et Kowloon. La flotte est aujourd'hui constituée de douze navires Diesel portant chacun le nom d'une étoile (en raison de la pollution et des illuminations, ce seront les seules que vous apercevrez du port !).

2 Équipage
Superbes sujets pour les photographes : les membres d'équipage portant encore les uniformes des marins d'autrefois et ceux qui, sur les quais, s'emparent des cordes d'amarrage à l'aide de longs crochets.

3 Clock Tower
Près du Tsim Sha Tsui Star Ferry, la Clock Tower est le dernier vestige de

l'ancienne gare ferroviaire de Kowloon, terminus romanesque des trains en provenance du continent, y compris du mythique *Orient Express*. Ils arrivent aujourd'hui à la gare plus banale de Hung Hom.

6 Victoria Harbour

Fourmillant d'activités, le port de Victoria est la partie la plus animée de la baie. Le week-end, ne manquez pas le spectacle des jonques aux voiles déployées, les dernières dans cette région de la Chine.

4 Trajets

Il existe quatre trajets reliant Tsim Sha Tsui à Central, Tsim Sha Tsui à Wanchai, Central à Hung Hom, Hung Hom à Wanchai.

8 Les ponts

Le pont supérieur (ex-1re classe), aujourd'hui à peine plus cher que le pont inférieur (ex-2nde classe), offre un accès aux cabines climatisées, une vue superbe sur la ville et une protection contre les embruns les jours de grand vent.

9 Ocean Terminal

Au nord du terminal de Tsim Sha Tsui se trouve le quai d'amarrage des bateaux de croisière, dont les paquebots les plus prestigieux, et des navires de guerre américains.

10 Panorama nord

En allant vers Kowloon, vous apercevrez l'Arts and Cultural Centre, le bâtiment le plus proche de la rive, et derrière lui l'aile la plus récente du Peninsula Hotel ainsi que la tour fuselée du n° 1 Peking Road. Par beau temps, les collines escarpées des Nouveaux Territoires se dessinent dans le lointain.

5 Panorama sud

En quittant Kowloon, découvrez sur l'extrême gauche les jeux de glace et les lignes fluides du Convention Centre *(à droite)* de Wanchai ; juste au-dessus, les 373 m de la tour de Central Plaza ; plus loin, sur la gauche, les saisissantes crêtes acérées de la Bank of China et la silhouette du HSBC. La dernière venue est la Two International Centre Tower *(p. 42-43)*. D'une hauteur de 420 m, c'est actuellement le plus haut gratte-ciel de l'île.

7 Tourisme économique

Un moyen économique pour découvrir la ville : 1,70 HK\$ sur le pont inférieur, 2,20 HK\$ sur le pont supérieur.

➲ *Autres moyens de transport à Hong Kong* **p. 138**

📖10 Stanley

À l'origine paisible village de pêcheurs, Stanley fut la plus importante agglomération de l'île de Hong Kong avant l'arrivée des Britanniques. La ville moderne, sur la côte sud, continue d'offrir un agréable dérivatif à l'agitation de la métropole, avec sa faible circulation, son rythme tranquille, ses excellents restaurants, ses belles plages et son marché où abondent vêtements, soieries et souvenirs. Bel aperçu du Hong Kong colonial et des anciennes traditions chinoises, toujours en vigueur au temple de Tin Hau.

Marché de Stanley

Murray House

🕶 **Avis aux agoraphobes : fuyez Stanley le week-end !** La ville, le marché et les bus qui y mènent et en reviennent sont noirs de monde.

Pour jouir pleinement du magnifique panorama de la route de la côte vers Stanley, installez-vous au 1er étage et à l'avant du bus à impériale.

🍴 Pour un repas réussi en plein air, filez à El Cid, dans Murray House : bonnes tapas et vue superbe *(p. 77).*

• Plan F6 • bus 6, 6A, 6X, 66 ou 260 depuis Central • marché de Stanley t.l.j. 9h-20h.

À ne pas manquer

1. Marché
2. Murray House
3. Ancien poste de police
4. Front de mer
5. Stanley Beach
6. Temple de Tin Hau
7. Cimetière militaire
8. Fort Stanley
9. St Stephen's Beach
10. Pubs et restaurants

1 Marché
Sur les étals bancals du marché de Stanley, vous trouverez l'habituel assortiment d'articles bon marché (chaussures, vêtements et divers accessoires, sans oublier les sempiternels souvenirs. Agréable sans être le moins cher ni le meilleur de Hong Kong, il mérite que l'on flâne au milieu de sa centaine d'échoppes avant de rejoindre l'un des cafés ou restaurants du bord de mer.

2 Murray House
Ce vénérable vestige néoclassique datant de 1843, démantelé puis reconstruit ici, abritait à l'origine les quartiers de l'armée britannique sur le site aujourd'hui occupé par la Bank of China à Central *(p. 10).* On y trouve plusieurs restaurants *(ci-contre).*

3 Ancien poste de police
Cette jolie bâtisse de 1859 est le plus vieux poste de police de Hong Kong. Quartier général des Japonais durant la Seconde Guerre mondiale, il fut reconverti en restaurant.

Front de mer
Entre le marché et Murray House, le front de mer est un lieu de promenade agréable. Le port, aujourd'hui déserté, abritait autrefois une flotte animée de jonques et de bateaux de pêche.

Stanley Beach
Cette belle plage, idéale pour la baignade, devient en juin le théâtre animé des courses de bateaux-dragons, âprement disputées lors de la fête du même nom, qui attirent compétiteurs et passionnés.

Temple de Tin Hau
Cerné par les statues grimaçantes des gardiens de la déesse de la Mer Tin Hau, l'intérieur sombre de ce temple est l'un des plus évocateurs de Hong Kong. Érigé en 1767, il figure parmi les plus anciens temples de la région dédiés à Tin Hau.

Cimetière militaire
La plupart des sépultures datent de la Seconde Guerre mondiale. D'autres remontent aux premiers jours de l'ère coloniale, lorsque les maladies tropicales firent des ravages parmi les colons.

Fort Stanley
L'Armée populaire de libération chinoise occupe désormais ces baraquements de l'armée britannique au bout de la péninsule (fermés au public).

St Stephen's Beach
Possibilité de faire de la voile et du canoë sur cette plage agréable de Stanley. Le quai est le point de départ des bateaux qui, le dimanche, desservent l'île isolée de Po Toi *(p. 14)*.

Pubs et restaurants
Parmi les principaux attraits de Stanley, son excellente gamme de bars et restaurants *(p. 77)* : face à la mer, tout le long de la rue principale, vous aurez le choix entre une multitude d'établissements (vietnamiens, italiens, etc.), la plupart dotés de terrasses. Bons restaurants également à Murray House.

Les morts de la guerre
Après l'invasion de Hong Kong par les Japonais en 1941 *(p. 74)*, les civils capturés subirent trois années de négligence, de famine et de torture. Les dépouilles de milliers de militaires et de civils morts ici durant la guerre sont enterrées au cimetière de Stanley.

Marché de nuit de Temple Street

Sous la lueur blafarde de milliers d'ampoules nues, touristes et locaux se pressent parmi les échoppes le long des allées étroites de Temple Street, à Yau Ma Tei. On y trouve de tout : vêtements, chaussures, accessoires, contrefaçons de grandes marques, copies de CD et bric-à-brac. Si les prix y sont parfois un peu plus élevés qu'à Shenzhen, de l'autre côté de la frontière chinoise, ou que dans d'autres marchés moins connus de la ville, Temple Street, avec son atmosphère unique, demeure incontournable.

Veste en cuir

Flâneurs à Temple Street

🕙 Le meilleur itinéraire de découverte du marché de nuit est le suivant : commencez par le haut, en partant de la station de MTR Yau Ma Tei, puis descendez vers le sud depuis Portland Street, de façon à terminer votre shopping non loin des restaurants, des hôtels et des bars de Tsim Sha Tsui.

🍴 Pour grignoter, arrêtez-vous aux *dai pai dong* (échoppes de rue).

• Plan M1-2 • le marché ouvre à 16h mais n'est vraiment animé qu'après 19h et se poursuit souvent jusqu'à minuit.

À ne pas manquer

1. Diseurs de bonne aventure
2. Chanteurs d'opéra
3. *Dai pai dong*
4. Cantines de Reclamation Street
5. Montres
6. Vêtements
7. Cuir
8. Chaussures
9. Accessoires
10. Bric-à-brac

1 Diseurs de bonne aventure
Ils sont une douzaine, à la jonction de Temple Street et de Market Street, à prédire l'avenir sur le visage et sur les mains. Dans les cartes aussi, que les pinsons blancs en cage tirent en échange de quelques graines.

2 Chanteurs d'opéra
Certains soirs, à deux pas des diseurs de bonne aventure, petits spectacles d'opéras cantonais populaires, avec chanteurs et musiciens.

3 Dai pai dong
Suite à des contrôles sanitaires sévères, les *dai pai dong* se font rares, sauf à Temple Street, où elles offrent toujours leur étalage : en-cas, crêpes, boulettes de poisson, brochettes de fruits de mer et viande non identifiée !

Autres marchés p. 38-39

4 Cantines de Reclamation Street

Si vous n'avez pas réussi à vous rassasier dans les *dai pai dong*, allez goûter les plats de nouilles ou de riz à trois sous dans les cantines couvertes de Reclamation Street. Avis aux délicats : ici, il est de mise de jeter ou de cracher os et cartilages sur la nappe.

6 Vêtements

Au milieu des horreurs en Nylon, on trouve des T-shirts à un prix dérisoire, de jolies soieries, des hauts perlés et des robes en coton. Arrêtez-vous à l'échoppe qui fait l'angle de Kansu Street. Un peu plus loin, en descendant, il est possible de se faire tailler un pantalon en quatre jours.

7 Cuir

Si le cuir ne constitue pas le point fort de Temple Street, on peut tout de même trouver des ceintures à bas prix et des sacs à main, dont les habituelles contrefaçons de grandes marques, que vous ne devez pas acheter, sous peine de fortes amendes.

8 Chaussures

Des tongs très peu chères aux chaussures en cuir ou en daim bon marché, on peut réaliser de bonnes affaires presque partout à Temple Street, malgré un choix limité et un très net manque d'élégance. Un conseil : allez fureter dans les boutiques, derrière les échoppes – quelques-unes vendent des articles de créateurs.

Marchandage

Les prix indiqués constituent le point de départ du marchandage, et les marges sont importantes. N'hésitez donc pas à discuter (avec le sourire). Tous les produits étant achetés beaucoup moins cher en Chine, le vendeur réalise toujours un profit. Commencez à la moitié du prix indiqué ; vous devriez obtenir des rabais de 50 % sur de nombreux articles, et souvent plus.

9 Accessoires

Vous trouverez partout des lunettes de soleil à bas prix. Parmi les autres accessoires intéressants, sacs à main et à bandoulière, brodés ou perlés.

10 Bric-à-brac

Public Square Street est le royaume du bric-à-brac : souvenirs de l'époque maoïste, vieux posters, pièces de monnaie, pipes à opium, jade. Au nord de Temple Street, babioles en plastique inspirées des dessins animés japonais.

5 Montres

Bonnes montres mais sans garantie. Bon rapport qualité/prix pour les produits locaux. Sur un étal, vente de montres de marque de seconde main.

Heritage Museum

Aux abords de Sha Tin, dans les Nouveaux Territoires, le musée le plus récent de Hong Kong est aussi, et de loin, le meilleur (avec le musée d'Histoire de Kowloon, rénové). Ouvert en 2000, l'Heritage Museum offre une vision complète de l'histoire culturelle, artistique et naturelle de la région au travers de passionnantes expositions audiovisuelles et d'une excellente section interactive pour les enfants.

Photographie de Tai O en 1966

Entrée du musée

✪ Si possible, associez la visite du musée avec une visite du champ de courses de Sha Tin *(p. 101)*.

Le mercredi, l'Heritage Museum est gratuit.

💭 Dans le hall, vous trouverez un café et une boutique de cadeaux.

• Plan E3 • 1 Man Lam Road, Sha Tin, Nouveaux Territoires • 2180 8188
• East Rail Line jusqu'à Tai Wai, puis bus 30K ou 38K / KCR jusqu'à Che Kung Temple, puis 5 min de marche
• www.heritage museum.gov.hk
• ouv. lun. 10h-18h, mer.-sam. et j.f. 10h-19h
• 10 HK$ (gratuit mer.).

À ne pas manquer

1 Architecture et design
2 Orientation Theatre
3 Children's Discovery Gallery
4 Opéra cantonais
5 Expositions thématiques
6 Salle Chao Shao-an
7 Cour
8 Culture des Nouveaux Territoires
9 Histoire des Nouveaux Territoires
10 Salle T T Tsui

Architecture et design
1 L'Heritage Museum est conçu autour d'une cour centrale, selon le style traditionnel chinois *si he yuan*, que l'on peut encore admirer dans les villages fortifiés des Nouveaux Territoires *(p. 104)*.

Légende

▮ Rez-de-chaussée
▮ 1er étage
▮ 2nd étage

Orientation Theatre
2 Pour un survol rapide du musée, rendez-vous à l'Orientation Theatre, au rez-de-chaussée, face au guichet. Un film court, tour à tour en anglais et en cantonais, évoque les expositions et les visées principales du musée.

Children's Discovery Gallery
3 Cette salle colorée, très appréciée des enfants, leur offre un aperçu vivant et distrayant de la nature et de l'archéologie locales avec des expositions interactives et des maquettes en 3-D adaptées à leur taille.

5 Expositions thématiques

Cinq salles (1er et 2nd étages) abritent des expositions temporaires traitant de sujets aussi divers que l'histoire, la culture populaire, l'art contemporain, l'art traditionnel chinois ou la politique sociale à Hong Kong.

4 Opéra cantonais

Obscur et mystérieux, l'opéra cantonais se dévoile ici avec l'exposition de ses costumes somptueux et de ses décors complexes, sur fond d'extraits d'œuvres raffinées du Guangdong et du Guanxi.

6 Salle Chao Shao-an

La renommée de cet artiste hong-kongais, maître de l'encre, a largement dépassé les frontières de la Chine. Une douzaine de ses superbes œuvres sont exposées ici *(ci-contre)*.

8 Culture des Nouveaux Territoires

Reconstitution de l'ère précoloniale au travers de scènes maritimes et villageoises *(ci-dessous)*. On y découvre aussi la croissance des villes nouvelles, comme Sha Tin.

7 Cour

Pour prendre l'air, la cour ombragée *(ci-dessus),* située en plein cœur du musée, offre un cadre attrayant.

Les premiers habitants de Hong Kong

La salle consacrée à l'histoire des Nouveaux Territoires évoque celle de ses premiers habitants, ces hommes de l'âge du bronze (il y a 4 000 ans) dont on a retrouvé des arcs et des pointes de flèches sur différents sites, ainsi que de mystérieuses sculptures de pierre. Des fouilles sur l'île de Lamma ont mis au jour des objets datés de l'âge de la pierre (il y a 6 000 ans).

9 Histoire des Nouveaux Territoires

Pour découvrir la faune et la flore de la région et des objets d'art datant de l'apparition des premiers hommes à Hong Kong.

10 Salle T T Tsui

Y sont exposés des objets d'art, du néolithique à nos jours : porcelaines, bronzes, objets en jade et en pierre, mobilier, laques et statues religieuses tibétaines.

🔟 Côte de Tai Long Wan

À quelques kilomètres à peine de Hong Kong, sur la côte sud de la péninsule de Sai King, les sublimes plages vierges semblent appartenir à un autre monde. Ici, ni route ni voie ferrée. Pour accéder à ce coin de paradis, les matinaux prendront un bus pour Sai Kung, un autre pour Pak Tam Au, puis un sentier accidenté (6 km), ou une jonque (en location). À l'arrivée, cafés ombragés, spots de surf et piscines naturelles secrètes et magnifiques seront leur récompense.

Pont de Ham Tin

Plage de Ham Tin

🛒 Achetez le *Discover Hong Kong's Nature* du HKTB pour sa carte détaillée et ses informations.

🍴 Une seule solution pour se restaurer : les cafés des plages ou un pique-nique après s'être approvisionné à Sai Kung.

• Plan G3 • bus 92 (passages fréquents) à Diamond Hill KCR pour Sai Kung, puis bus 94 (toutes les demi-heures), ou 96R sur Sun, pour Pak Tam Au ; comptez environ 1 h 30 de Kowloon ou Central pour atteindre le départ du sentier, et prévoyez au moins 1 h aller, 1 h retour pour les plages • location de jonque à la journée : 3 000 HK$; consultez les pages jaunes.

À ne pas manquer

1 Plages
2 Piscines naturelles
3 Cafés
4 Entre Ham Tin et Tai Long
5 Surf
6 Jonques de plaisance
7 Pêcheurs hakkas
8 Camping
9 Sharp Peak
🔟 Pont de Ham Tin

Plages
Trois plages magnifiques à Tai Long Wan : Tai Wan, la plus éloignée et la plus préservée ; Ham Tin, la plus petite, avec café et terrain de camping ; enfin Tai Long Sai Wan, la plus animée.

Piscines naturelles
Pour découvrir le secret le mieux préservé de l'endroit, une superbe succession de chutes d'eau et de piscines naturelles *(ci-contre)*, suivez le sentier longeant la rivière à l'extrémité nord-est de la plage de Tai Long Sai Wan.

Cafés
Dans les cafés modestes de Tai Long Sai Wan, ainsi qu'au Hoi Fung de Ham Tin, nouilles, riz frit et boissons sont proposés à des prix raisonnables.

4 Entre Ham Tin et Tai Long

Depuis le sentier escarpé long de 1 km qui relie Ham Tin à Tai Long Sai Wan, belles vues plongeantes sur Ham Tin, Tai Wan et les montagnes en arrière plan.

5 Surf

À Tai Wan, les amateurs de surf pourront s'adonner à leur passion. Spot correct, intéressant les jours de grand vent. Au quotidien, possibilité de *body boarding*.

6 Jonques de plaisance

Point d'ancrage de la plupart des jonques de location, la plage de Tai Long Sai Wan est la plus animée : les passagers y débarquent sur de petits esquifs.

7 Pêcheurs hakkas

Probablement peuplé dès la préhistoire, Tai Long *(ci-dessus)* demeura un village de pêcheurs hakkas prospère jusqu'en 1950, époque où la plupart de ses habitants émigrèrent. Seuls quelques anciens y résident encore.

8 Camping

Avec un sol nivelé, un ruisseau d'eau douce et des toilettes publiques, le meilleur endroit pour monter sa tente se situe à l'est du village de Ham Tin *(ci-contre)*. Il n'y a pas d'hôtel.

9 Sharp Peak

Visible depuis Ham Tin et Tai Wan, l'imposant sommet de Sharp Peak culmine à 468 m. Ascension rude, récompensée à l'arrivée par une vue spectaculaire sur la péninsule.

10 Pont de Ham Tin

Pour garder les pieds au sec, le seul moyen de se rendre à la plage en venant de Ham Tin est d'emprunter le pont, assemblage bancal mais admirable de bois et de matériaux en tout genre !

Route du retour

Pour quitter Tai Long Sai Wan, empruntez le sentier qui descend vers le sud-ouest en sortant de Sai Wan. Vue magnifique et lacets en pente douce autour du High Island Reservoir. En atteignant la route principale, à la sortie de Pak Tam Chung, il est facile d'attraper un bus ou un taxi pour revenir sur Sai Kung.

🔟 Île de Cheung Chau

À une demi-heure de ferry de Hong Kong, cette île charmante est idéale pour fuir la chaleur et l'agitation de la ville, sauf le week-end, où tout le monde semble avoir la même idée ! Avec ses rues étroites, ses boutiques et ses temples, cet ancien refuge de pirates et de pêcheurs évoque le vieux Hong Kong traditionnel et peut se visiter dans la journée, au gré de ses sentiers perdus, de ses plages et de ses restaurants de fruits de mer bon marché.

Lion, temple de Pak Tai

Port de Cheung Chau

🌀 Pour faire un tour rapide de l'île, louez une bicyclette face aux terrains de basket, près du temple de Pak Tai.

La fête des Petits Pains de Cheung Chau a lieu début mai. Pour les dates, consultez le site www.hktb.com

🍽 En cas d'overdose de fruits de mer, allez faire un tour chez Morocco's (2986 9767), près du quai d'embarquement des ferries. Le soir, plats indiens, thaïs, occidentaux... mais pas de cuisine marocaine !

• *Plan C6* • *ferries quotidiens toutes les heures ou demi-heures depuis l'Outlying Islands Ferry Pier.*

À ne pas manquer

1. Temple de Pak Tai
2. Port
3. Banian sacré
4. Tung Wan Beach
5. Peak
6. Grotte des Pirates
7. Planches à voile
8. Chantier naval
9. Restaurants
10. Sculptures de pierre

Temple de Pak Tai
Ce temple récemment restauré et dédié au dieu Pak Tai, patron de Cheung Chau qui aurait sauvé ses habitants de la peste, est l'épicentre des célébrations annuelles de la fête des Petits Pains *(p. 36)*. Au cours de cette fête née au XIXe s., lorsque la peste était considérée comme la vengeance des êtres tués par les pirates locaux, de petits pains sont offerts aux fantômes et distribués en gage de prospérité.

Port
Malgré le déclin de l'industrie de la pêche à Hong Kong, on voit encore de nombreux bateaux de pêche en activité dans le petit port abrité des typhons. Location de bicyclettes à bon prix sur le front de mer.

Banian sacré
Sur Tung Wan Road, le banian *(ci-dessous)*, réputé pour être à l'origine de la bonne fortune de Cheung Chau, est vénéré au point que, récemment, en vue de l'agrandissement de la route, on a préféré détruire à sa place le restaurant qui lui faisait face.

Fête des Petits Pains de Cheung Chau **p. 36**

4 Tung Wan Beach

La plus belle plage de l'île se trouve sur la côte est, à 150 m du quai de départ des ferries *(ci-dessus)*. Baignade surveillée et filet antirequins.

5 Peak

En gravissant la colline par Don Bosco Road et Peak Road, vous passerez devant de belles maisons coloniales. Superbes vues sur la mer, notamment depuis le cimetière de Peak Road.

6 Grotte des Pirates

Cache présumée (plus proche du trou que de la grotte) d'un flibustier du XIXᵉ s., Cheung Po-tsai. Jolies vues sur la mer depuis les alentours. N'oubliez pas de prendre une torche !

7 Planches à voile

Près de Tung Wan, vous trouverez un centre de *windsurfing* et un café tenus par la famille du médaillé d'or olympique Lee Lai-Shan.

8 Chantier naval

À l'extrémité nord du port, une cour animée où l'on construit les jonques et où l'on répare les filets. Les blocs de glace chargés dans les bateaux glissent au-dessus de vos têtes sur des toboggans.

9 Restaurants

Ici, le poisson et les fruits de mer sont moins chers qu'ailleurs. De nombreux restaurants se tiennent sur le front de mer, au nord de She Praya Road et au sud du quai des ferries. On choisit son poisson vivant dans les aquariums *(ci-dessus)*.

10 Sculptures de pierre

La région de Hong Kong abrite plusieurs sculptures creusées dans la roche à proximité de la mer. À Cheung Chau, il en existe une sous le Warwick Hotel. On ne sait rien de ceux qui les réalisèrent, il y a environ 3 000 ans.

Sentiers et chemins

Sur la côte sud de l'île, jolie balade sur la falaise et près du temple de Tin Hau sur la minuscule plage de Moring, par un sentier en lacet. En continuant vers le sud-ouest, vous atteindrez Peak Road et son cimetière, puis le petit port de Sai Wan. De là, possibilité de revenir en sampan au quai de départ des ferries, au village de Cheung Chau.

→ *Pages suivantes* **Grand Bouddha de Po Lin, île de Lantau**

⭐10 Grand Bouddha et monastère de Po Lin

À l'origine humble demeure bâtie par trois moines pour célébrer Bouddha, le monastère de Po Lin, sur l'île de Lantau, est devenu un temple majeur. Son joyau, l'imposante statue de Bouddha vénérée par les fidèles et prisée par les touristes, domine le site depuis un piédestal que l'on atteint en gravissant 260 marches. Une ascension digne d'intérêt par temps clair, pour le panorama qu'elle offre sur les vallées, les réservoirs et les montagnes de l'île.

Cour principale

Une vue du Grand Bouddha

🔵 Possibilité de passer la nuit à l'auberge de jeunesse Hong Kong Bank Foundation S.G. Davis (2985 5610), près des Tea Gardens, afin de partir avant l'aube pour voir le soleil surgir derrière le sommet du Lantau Peak.

🔴 Pour ceux qui n'apprécient guère la cuisine végétarienne proposée à l'intérieur du temple, possibilité de pique-niquer le long des sentiers environnants.

Plan B5 • MTR jusqu'à Tung Chung, puis bus 23 ou bus 2 depuis le terminal des ferries Mui Wo sur l'île de Lantau • MTR jusqu'à Tung Chung, puis Ngong Ping 360 Cable Car jusqu'au village ; Cable Car : lun.-ven. 10h-18h (sam. 18h30), dim. et j.f. 9h-18h30 ; allersimple/retour 58 HK$/88HK$ • monastère : t.l.j. 9h-18h ; Bouddha géant : t.l.j. 10h-18h • EG.

À ne pas manquer

1. Bouddha géant
2. Monastère
3. Tea Gardens
4. Ngong Ping 360 Cable Car
5. Grande salle
6. Bodhisattvas
7. Relique de Bouddha
8. Sentier pour Tung Chung
9. Moines et nonnes
10. Entrée du temple

Bouddha géant

Haute de 26 m, cette statue de bronze impressionnante compte parmi les représentations de Bouddha les plus grandes au monde. Constituée de plus de 220 pièces, elle est assise sur un trône de lotus, symbole bouddhiste de la pureté.

Monastère

Si les moines, séduits par son isolement, arrivèrent sur Lantau dès le début du XXe s., le monastère de Po Lin, ou « lotus précieux », ne devint un lieu de pèlerinage que dans les années 1920, lors de la construction de la grande salle et de la nomination du premier abbé.

Tea Gardens

À l'ouest du Bouddha, modeste plantation de thé entretenue par les nonnes et les moines dans les jardins du même nom. On peut goûter leur thé dans le bar tout proche, lieu ombragé et agréable à l'écart de la foule. Plats chinois à bas prix.

Autres sites de Lantau **p. 112-117**

Ngong Ping 360 Cable Car

Le téléphérique qui relie Tung Chung à Po Lin est une attraction en soi. Au cours des 25 min de ce trajet de 5,7 km, on découvre un panorama à 360° sur le parc national du North Lantau et la mer de Chine *(p. 55)*.

Grande salle

À voir, dans le temple principal : les trois statues de Bouddha en or, les peintures du plafond, les frises raffinées de l'extérieur et le sol avec ses dalles en forme de lotus.

Ngong Ping

Bodhisattvas

Tout au long de l'escalier, statues de saints bouddhistes, vénérés pour différer l'entrée au paradis et permettre ainsi aux mortels d'accéder à la sagesse. Glisser une pièce au creux de leur main porte chance.

Relique de Bouddha

Enchâssée à l'intérieur de la statue, la relique sacrée de Bouddha (une dent dans un écrin de cristal) est difficile à distinguer. Sous la statue, une exposition relate la vie du maître et son cheminement vers la sagesse.

Sentier pour Tung Chung

Pour redescendre au MTR de Tung Chung, suivez le joli sentier boisé de 7 km qui chemine à travers la vallée du même nom parmi des monastères, dont celui de Lo Hon, qui sert des repas végétariens bon marché.

Moines et nonnes

On peut apercevoir les nonnes et les moines au crâne rasé, vêtus de leur robe orange, prier dans le vieux temple situé derrière le temple principal (entrée interdite à 15 h).

Entrée du temple

Flanquée de deux lions et décorée de svastikas inversés, symboles religieux du bouddhisme qui sont visibles ailleurs dans le temple, cette entrée est une réplique présumée de la porte sud du paradis bouddhique. Les trois caractères chinois, à son sommet, signifient « monastère de Po Lin ».

Falun Gong au Grand Bouddha

En 2000, au cours d'une réunion officielle sur le continent, l'abbé Po Lin s'érigea contre la secte semi-religieuse de Falun Gong, illégale et réprimée en Chine. En protestation, les membres régionaux du « culte du Diable » manifestèrent près du Grand Bouddha, affirmant que leur quête d'épanouissement spirituel et physique au travers du tai-chi n'avait rien de diabolique.

Gauche **Époque coloniale** Centre **Réfugiés chinois à la frontière en 1950** Droite **Chris Patten**

🔟 Dates importantes

1 4000 av. J.-C. : premiers hommes

Pendant des années, la version populaire disait que Hong Kong n'était qu'un « rocher aride » et désert lorsque les Anglais y arrivèrent. Mais des fouilles archéologiques ont révélé que des clans primitifs vivaient déjà il y a 6 000 ans sur les rivages de l'île de Hong Kong et des Nouveaux Territoires et que – sacrilège – ils se nourrissaient de dauphins !

Pirate du XIXe siècle

2 1127 apr. J.-C. : clans locaux

Lorsque les Mongols repoussent l'empereur de la dynastie Song hors de Kaifeng, capitale impériale, une princesse s'échappe et s'enfuit à Kam Tin, village fortifié des Nouveaux Territoires, puis épouse un membre du clan puissant des Tang.

3 1841 : les Anglais s'emparent de Hong Kong

Le 25 janvier, alors que la guerre de l'opium fait rage, le capitaine Charles Elliot, de la British Royal Navy, plante le drapeau de l'Union Jack sur l'île de Hong Kong. Une intrusion apparemment acceptée par les 8 000 habitants. En réalité, la lutte se poursuit entre les deux pays pour le contrôle des cités commerçantes.

En 1842, le traité de Nankin cède Hong Kong à l'Angleterre.

4 1860 : extension

Hong Kong prospère et sa population dépasse les 86 000 habitants. Le problème de surpopulation est résolu lorsque la Chine cède la péninsule de Kowloon et l'île de Stonecutter à l'Angleterre après une nouvelle série d'escarmouches.

5 1898 : bail de 99 ans

Les Anglais font de Hong Kong une place fortifiée puissamment armée, notamment à Lyeman, à la pointe est de l'île. Le 1er juillet, un bail de 99 ans signé à Pékin leur cède les Nouveaux Territoires et les îles alentour, assurant l'espace et l'approvisionnement en eau.

6 1941 : occupation japonaise

Les Japonais arrivent par la terre, franchissant sans mal la Gin Drinkers Line – une succession hétéroclite de bunkers

Gauche **Soldats japonais capturés par les Anglais en 1945** Droite **Centre de Hong Kong en 1950**

Soldats chinois, le lendemain de la rétrocession

et de tranchées. La reddition de Hong Kong, deux jours avant Noël, marque le début d'une occupation brutale de trois ans.

1950 : miracle économique
On commence à parler de « miracle économique » avec l'afflux d'une main-d'œuvre travailleuse (réfugiés chinois, etc.) et le maintien de l'équilibre économique par les Anglais. La ville du business florissant et de la production de masse est née.

1984 : accord sur la rétrocession
Deux ans de négociations secrètes entre Margaret Thatcher et Deng Xiaoping aboutissent à la Déclaration sino-britannique et à la phrase magique et apaisante du ministre chinois : « Un pays, deux systèmes ».

1997 : rétrocession
La nuit du 30 juin 1997 est considérée comme une terrible déception après ces années d'attente. Les médias se focalisent sur l'Union Jack, les larmes du dernier gouverneur Chris Patten, le prince Charles et son yacht, et le toast triomphaliste de Jiang Zemin. Le lendemain, des blindés franchissent la frontière.

1998 : crise financière
Les « tigres » économiques asiatiques sont ramenés à la dure réalité, après des années d'effervescence et de profits. Moins durement frappée que d'autres, Hong Kong est néanmoins ébranlé par la crise.

Les 10 décideurs et agitateurs

Jorge Álvares
En 1513, arrivée du premier Européen sur l'île de Hong Kong, le navigateur portugais Álvares.

Cheung Po-tsai
En 1810, le flibustier Cheung Po-tsai, de Lantau, terrorise les navigateurs de commerce internationaux.

Lin Zexu
En 1839, le commissaire Lin Zexu est mandaté par la Chine pour mettre fin au trafic de l'opium.

Capitaine Charles Elliot
Il plante l'Union Jack à Hong Kong, qu'il revendique pour l'Angleterre en 1841.

Sir Henry Pottinger
Premier gouverneur de Hong Kong, Pottinger ferme les yeux sur les cargaisons illégales d'opium.

Sun Yat-sen
En 1923, à Hong Kong, ce réformateur qualifie la Chine de « chaotique et corrompue ». S'ensuit le boycott économique de la colonie.

Rensuke Isogai
En 1941 débute le règne barbare de ce commandant militaire japonais, gouverneur pendant l'occupation.

Deng Xiaoping
Les négociations de 1984 sur la rétrocession sont marquées par son inflexibilité.

Chris Patten
Ultime gouverneur, Chris Patten fait ses adieux à Hong Kong en 1997.

Tung Chee-hwa
Ce magnat du commerce maritime est nommé à la tête du conseil exécutif après la rétrocession.

Gauche **Restaurant Tonic** Centre **Jonque** Droite **Tai-chi**

Découvrir la Chine profonde

1 Passer une soirée à l'opéra

L'opéra cantonais peut paraître dissonant à une oreille profane, mais ne vous y trompez pas : cet art ancien et raffiné, aux costumes et maquillages époustouflants, est un mélange subtil de chant, de mime, de danse et d'arts martiaux. Informations sur les représentations (qui peuvent durer plus de 6 h) au HKTB *(p. 139)*.

Personnages d'opéra

2 Se promener en jonque

L'image légendaire d'une jonque voguant dans le port de Victoria, toutes voiles pourpres déployées, cache malheureusement toujours le même esquif : le *Duck Ling*, l'une des dernières jonques de Hong Kong. *Vis. guid. au départ de Central Pier 9, île de Hong Kong, jeu. 15h et 17h, sam. 11h et 13h; au départ de Kowloon Public Pier, Tsim Sha Tsui, jeu. 14h et 16h, sam. 10h et midi • réservation recommandée • 2508 1234 • EP.*

3 Savourer les dim sum

Cuits à la vapeur dans des paniers de bambou, ces en-cas – littéralement « qui va droit au cœur » – sont servis sur des chariots, souvent par des femmes assez âgées.

Dim sum

4 Visiter un marché

Rigoles de sang et déchets sur le sol, cris perçants des vendeurs et marchandages bruyants des ménagères, le tout au milieu du bourdonnement des mouches : un choc culturel brutal.

5 Aller dans un Tonic traditionnel

Pour une plongée dans la Chine traditionnelle, entrez dans un restaurant Tonic pour goûter les plats à base de toutes sortes d'épices et d'herbes préparés selon les principes du « chaud-froid ». Au Treasure Inn Seafood, vous pourrez goûter des grenouilles frites et des champignons de bambou. *2e étage, Western Market, 323 Des Vœux Rd, Sheung Wan • plan J4 • 2850 7780 • $$.*

6 Tester la réflexologie du pied

Enserrant vos pieds comme des étaux, les mains massent les zones réflexes correspondant aux organes vitaux. C'est douloureux, parfois gênant, mais le bien-être est garanti à l'issue de la séance. Nombreux réflexologistes à Happy Valley. Essayez On Wo Tong. *1er étage, Lai Shing Bldg, 13-19 Sing Woo Rd (3 autres succursales) • 2893 0199.*

Les 10 dim sum les plus prisés p. 51

Gauche **Nouvel an chinois** Droite **Marché**

Entrer dans un lieu zen

Vous aurez un aperçu contemporain de la Chine d'autrefois en visitant le couvent Chi Lin de Kowloon, splendide réplique d'un couvent aux sept salles de la dynastie Tang (618-907 apr. J.-C.). Il a nécessité dix ans de travaux, dans le respect des techniques et matériaux traditionnels. Béatitude absolue quand les nonnes chantent pour le Bouddha Sakayamuni *(p. 96)*.

Goûter le vin de bile

Pour goûter ce tonique hivernal traditionnel (une infusion brûlante de vésicules biliaires de cinq serpents mortels !), rendez-vous à She Wong Lam, au nord-est de l'île de Hong Kong. *Hillier St, Sheung Wan • plan K5 • 2543 8032.*

Assister à une danse du lion

Les lions étant censés porter chance et repousser le diable, il est fréquent de voir de jeunes danseurs exécuter des arabesques sous des têtes de lion stylisées lors de l'inauguration d'un nouvel immeuble. Une coutume répandue aux alentours du nouvel an chinois *(p. 36)*.

Pratiquer le tai-chi

Les lundi, mercredi, jeudi et vendredi, à 8 h du matin, profitez d'une heure de cours gratuit de tai-chi, sans doute l'art martial le plus paisible, dans la cour des Sculptures, en face du musée d'Art *(p. 82)*, dans Tsim Sha Tsui. *Plan M4.*

Les 10 plaisirs du corps

1 Spa
Offrez-vous une cure déstressante au spa ESPA. *2920 2888.*

2 Massage traditionnel
Essayez un massage des tissus profonds. Parfait pour la circulation. *On Wo Tong (voir réflexologie).*

3 Air pur
Loin de la pollution, appréciez l'ambiance vivifiante du bar à oxygène de l'Oxyvital's Central.

4 Rasage idéal
Pour retrouver une peau de bébé, testez un rasage à la shangaïenne au Mandarin Oriental. *2825 4800.*

5 Filtre d'amour n° 9
Stimulez votre énergie avec une boisson tonique achetée dans l'une des nombreuses herboristeries de rue.

6 Géomancie
Assurez-vous que votre lieu de vie est en harmonie avec la nature lors d'une consultation de feng shui. *Raymond Lo • 2736 9568.*

7 Aiguilles
Libérez vos tensions grâce à l'acupuncture. *On Wo Tong (voir réflexologie).*

8 Plateau
Pour un bain revigorant, essayez Plateau, le spa du 11e étage de l'hôtel Hyatt et sa piscine découverte. *2588 1234.*

9 Chouchoutez vos pieds
Un must prisé par les adeptes : les soins de pédicurie selon la tradition de Shangai, au Mandarin Oriental. *2825 4800.*

10 « Allô ! docteur »
Testez une autre médecine chez un médecin traditionnel. *Dr Troy Sing • 2526 7908.*

Hong Kong thème par thème

 Les meilleurs marchés de Hong Kong **p. 38-39**

Gauche **Pêcheurs chinois** Droite **Écolières**

TOP 10 Peuples et cultures de Hong Kong

Joueurs d'échecs chinois

1 Chinois
Avec leur histoire où se mêlent révolutions, migrations, crime organisé et commerce, les Cantonais sont considérés comme les « New-Yorkais » de Chine ; ils constituent la population majoritaire de Hong Kong. La ville compte aussi d'importantes communautés originaires de Shanghai, Hakka et Chiu Chow.

2 Britanniques
Leur puissance coloniale n'est plus, mais ils sont restés et leur empreinte demeure, des noms de rues aux uniformes des écoliers. Ils sont relativement nombreux, et il existe parmi eux une influente communauté de natifs de la ville.

3 Eurasiens
Pour cette communauté issue de mariages mixtes, le rôle traditionnel d'« agents » culturels et commerciaux entre l'Est et l'Ouest demeure intact. Sa population jeune, riche et ouverte sur l'extérieur peut, plus que toute autre, revendiquer la mystérieuse dualité de cette ville.

4 Portugais
Depuis l'arrivée des commerçants, au XVIe siècle, il y a eu de multiples mariages entre Portugais et Cantonais. Leur influence se retrouve dans quelques noms (da Silva, Sequeira, Remedios) et dans le maintien de traditions culinaires (pâtisseries, tartes aux œufs).

5 Indiens
L'histoire de cette importante communauté date de l'arrivée des Britanniques en 1841. Les jeunes Indiens ont rejeté les notions d'identité purement occidentale ou asiatique, préférant les mêler dans un style de vie novateur.

6 Juifs
Leur communauté (parmi les plus anciennes du Sud-Est asiatique) a donné naissance à de véritables dynasties du monde des affaires (les Sassoon, les Kadoorie) et à un gouverneur des plus pittoresques (sir Matthew Nathan, 1903-1906).

Scène de rue

Résidents indiens, Victoria Peak

Russes
7 Autrefois importante, cette communauté ne comprend plus que quelques descendants âgés de Russes blancs, mais le traditionnel bortsch reste au menu de tous les *coffee shops* et restaurants de plats à emporter.

Chinois d'outre-mer
8 Les deux dernières décennies ont vu l'apparition d'un nouveau phénomène : l'augmentation importante du nombre des Anglais, des Américains et des Canadiens nés en Chine, et le retour d'enfants d'émigrants (issus de bonnes familles) en quête de racines et d'emplois dans le tertiaire.

Philippins
9 La plupart des membres de cette minorité ethnique (la plus importante de la ville) occupent les postes les plus mal payés (domestiques, chauffeurs, garçons de restaurants, etc.). Ils envoient la quasi-intégralité de leurs gains à leur famille ; ils se promènent par milliers, le dimanche, dans Statue Square *(p. 11)*.

Australiens
10 Nombreux, travaillant principalement dans les affaires et les médias, les Australiens possèdent à Hong Kong la chambre de commerce australienne la plus importante hors de leurs frontières et l'une des deux écoles internationales australiennes.

Les 10 patois et jargons de Hong Kong

Chinglish
1 Patois local utilisant librement des mots anglais sinisés : *sahmunjee* (sandwich), *bahsee* (bus), *lumbah* (nombre) et *kayleem* (crème).

Portugais
2 Beaucoup d'emprunts : *praya* (bord de mer), *joss* (déformation de *deo* [dieu]) et *amah* (domestique).

Anglo-indien/persan
3 Plusieurs mots dont *schroff* (caissier), *nullah* (chenal ou cours d'eau) et *tiffin* (déjeuner).

Mo Lei Tau
4 Argot incompréhensible des jeunes Cantonais, fondé sur un phrasé surréaliste et apparemment dénué de sens.

« Jaihng »
5 Un mot d'argot largement employé signifiant « super », « génial » (comme dans le film *Wayne's World*).

« Yau Mehr Liu ? »
6 Pourrait se traduire par : « Pour quoi es-tu doué ? » Une salutation familière comparable à : « Quoi de neuf ? »

« Godown »
7 Mot anglo-hong-kongais qui signifie « entrepôt » ou « moyen de stockage », tiré de *« Go put your load down »*.

« Whiskey Tangos »
8 « Racaille », dans l'argot de la police hong-kongaise.

« Aiyah ! »
9 Exclamation universelle pour exprimer la déception, la surprise ou le regret.

« Ah- »
10 Ce préfixe est ajouté aux noms pour marquer l'affection : « Ah-Timothée ».

Hong Kong thème par thème

Gauche **Fleurs pour le nouvel an chinois** Centre **Fête des Petits Pains** Droite **Danse du dragon, Tin Hau**

🔟 Fêtes et événements

Feux d'artifice, nouvel an chinois

Nouvel an chinois
La fête la plus importante, célébrée dans un déchaînement de lumières et de bruits. Les gratte-ciel s'illuminent, la baie s'embrase sous les feux d'artifice, les boutiques ferment et les gardiens d'immeuble deviennent aimables, espérant leurs étrennes. ◎ *3 jours à partir du 1er jour du 1er mois lunaire (fin janv., début fév.).*

Fête des Lanternes (Yuen Siu)
La Saint-Valentin chinoise. Cette fête marque la fin des célébrations traditionnelles de la nouvelle année lunaire. Des couples d'amoureux se rendent dans les parcs sous une lumière douce diffusée par des lanternes. ◎ *15e jour du 1er mois lunaire (fin fév.).*

Fête de Tin Hau
Une fête majeure pour les pêcheurs. Les bateaux sont décorés et des offrandes sont faites à la déesse de la Mer pour qu'elle

Fête de Tin Hau

accorde un temps clément et des pêches fructueuses. Y assister dans les temples de Stanley, Joss House Bay ou Tin Hau Temple Road. ◎ *23e jour du 3e mois lunaire (avr.).*

Fête des Petits Pains de Cheung Chau
Jusque dans les années 1970, des jeunes gens gravissaient des tours de bambou recouvertes de petits pains, mais il y eut des chutes et la pratique fut interdite. Depuis 2005, elle a repris de manière plus contrôlée. ◎ *6e jour de la 4e lune (mai), Cheung Chau • plan C6.*

Ching Ming
Ching Ming est la fête des Morts. Le terme signifie « clair et lumineux ». À cette occasion, les familles chinoises se rendent sur la tombe de leurs ancêtres pour la nettoyer. On y brûle de l'encens et des billets factices. ◎ *1re sem. d'avr.*

Fête des Bateaux-Dragons (Tuen Ng)
Au rythme des tambours et du fracas des rames, les bateaux-dragons bariolés rivalisent pour obtenir le premier prix, dans des régates honorant la mort du grand poète patriote du IIIe siècle, Qu Yuan, qui se noya pour protester contre la corruption du régime. ◎ *5e jour du 5e mois (début juin) ; plusieurs sites.*

Bateaux-dragons

Fête des Fantômes affamés (Yue Laan)

Le 14e jour du 7e mois lunaire s'ouvrent les portes de l'enfer. Pendant un mois, les âmes errantes reviennent sur terre. On brûle beaucoup de « monnaie de l'enfer » et les collines s'embrasent parfois (mieux vaut éviter les randonnées). ✪ *juil.; différents sites.*

Fête de la Mi-Automne

Les familles bravent les embouteillages pour aller déguster dans les parcs les traditionnels gâteaux de lune à la lueur des chandelles. Malheureusement, les lanternes en papier raffinées sont de plus en plus souvent remplacées par des versions clinquantes de Hello Kitty, Doraemon et Pokemon. ✪ *15e nuit du 8e mois (août); essayez le Victoria Park.*

Fête de Chung Yeung

Marcheurs, à vos chaussures ! Cette fête tire son origine d'une légende selon laquelle un érudit de la dynastie Han conduisit sa famille sur une colline, la protégeant ainsi du massacre de leur village.

✪ *9e soirée du 9e mois (mi-oct. à fin oct.), sur toutes les collines.*

Noël

Si Noël ne fait pas partie des fêtes traditionnelles chinoises, les Hong-Kongais ont adopté de très bon cœur ses aspects les plus commerciaux. ✪ *25 déc.*

Les 10 événements sportifs

1 Rugby 10s
Orgie de bière et de rugby ✪ *HK Rugby Football Union* • 2504 8311 • www.hkrugby.com • mars.

2 Rugby Sevens
La même chose, en plus important. ✪ *Sem. de mars suivant les Rugby 10s.*

3 Cricket Sixes
Action autour des guichets. ✪ *Kowloon Cricket Club* • 2367 4141 • nov.

4 Régates de bateaux-dragons
Régates de bateaux décorés sur la rivière Shing Mun. ✪ *Sha Tin* • mi-juin.

5 Courses internationales
Compétition équestre passionnée. ✪ *Sha Tin Racecourse* • HK Jockey Club • 2966 8335 • déc.

6 Carlsberg Cup
Football. ✪ *Hong Kong Football Association* • 2712 9122 • fin janv.

7 Marathon de Hong Kong
Point de départ de cette course exténuante : le Cultural Centre de Tsim Sha Tsui. ✪ 2577 0800 • début fév.

8 Grand Prix de Macao
Course de Formule 3 dans l'ancienne enclave portugaise. ✪ 8796 2268 (Macao); 2838 8680 (Hong Kong) • 3e week-end de nov.

9 Randonnée
Une marche épuisante de 100 km au profit de l'association caritative Oxfam. ✪ *Oxfam* • 2520 2525 • nov.

10 UBS Hong Kong Open
Les plus grandes stars du golf d'Asie s'affrontent. ✪ *Asian PGA* • 2330 8227 • fin nov.

Hong Kong thème par thème

De gauche à droite **Temple Street** ; **Western Market** ; **Jardin aux oiseaux** ; **marché aux poissons rouges**

TOP10 Marchés

1 Temple Street

Il s'anime à la nuit tombée, et à 21 h le fouillis inextricable de ses centaines d'échoppes est noir de monde. Connu auparavant sous le nom de Men's Street, il est le royaume du bric-à-brac, des contrefaçons aux vêtements les plus démodés. Au-delà du marché, on découvre les diseurs de bonne aventure et les chanteurs d'opéra cantonais *(p. 18-19)*.

2 Western Market

Sur cet ancien marché aux légumes et à la viande, installé dans un superbe bâtiment des années 1900, il ne faut pas s'attendre à faire des affaires. En revanche, on trouve au rez-de-chaussée une excellente sélection de montres anciennes et de seconde main. Également des étoffes, mais, là encore, les bonnes affaires sont rares. ♦ *323 Des Vœux Rd Central, Sheung Wan* • *plan J4* • *ouv. 10h-19h.*

3 Ladies Market

Ici, comme son nom l'indique, on trouve tout ce qui touche les femmes. Pas de marques de créateurs (sauf des contrefaçons), mais de la lingerie, des chaussures, des jeans, une multitude de babioles et de restaurants bon marché *(p. 90)*.

4 Jardine's Bazaar et Jardine's Crescent

Un marché de plein air au cœur de Causeway Bay, le quartier commerçant le plus animé de la ville. Au milieu de banales boutiques de mode, on croise des barbiers traditionnels et des herboristes chinois. Offrez-vous un verre de lait de soja frais. ♦ *Jardine's Bazaar, Causeway Bay, île de Hong Kong* • *plan Q6* • *ouv. 11h-20h.*

5 Cat Street

Cat Street tire son nom de l'argot chinois signifiant « bric-à-brac ». Cette rue et Hollywood Road, toute proche,

Gauche **Bouddha ancien, Cat Street** Droite **Posters de Mao, Cat Street**

Le marché animé de Gage Street

sont le paradis des amateurs d'antiquités et de brocante. Le lieu où acheter tapis de soie, meubles chinois raffinés, statuettes en céramique de la dynastie Ming et objets kitsch de la période Mao. ◈ *Plan J5.*

Marché du jade
Les vendeurs de jade sont légion à Hong Kong (plus de 450). N'essayez pas d'acheter les pièces haut de gamme (à moins d'être un expert). Nombreuses belles pièces à prix modique *(p. 90).*

Stanley Market
Des hordes de touristes se précipitent dans ses allées étroites pour se jeter sur ce qui se fait de pire, mais l'endroit est amusant. Réservé à ceux qui ne souffrent pas de claustrophobie *(p. 16).*
◈ *Stanley Main St, île de Hong Kong • plan F6 • ouv. 10h-18h.*

Jardin aux oiseaux
Plus de 70 échoppes bordées de jolies courettes où l'on peut entendre tous les chants d'oiseaux. On y voit beaucoup de vieux messieurs aux maillots de corps relevés dénudant leur ventre (l'une des habitudes vestimentaires les plus étranges de Hong Kong). Marché aux fleurs juste à côté *(p. 89).*
◈ *Yuen Po Street, Mong Kok • ouv. 7h-20h.*

Marché aux poissons rouges
Site très prisé car un aquarium est censé repousser le mauvais sort. Bonnes affaires pour la décoration d'aquarium, sinon contentez-vous d'admirer les splendides poissons colorés.
◈ *Tung Choi St, Mong Kok • ouv. 10h-18h.*

Gage Street
Si vous êtes à Central, allez y faire un tour, mais la visite ne s'impose pas. Le site est sanguinolent, surtout aux premières heures du matin quand les camions y déposent des carcasses de cochons, au milieu du piaillement des poulets condamnés. ◈ *Plan K5.*

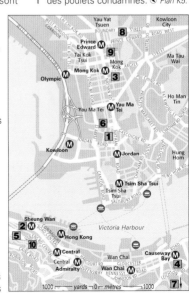

Gauche **Escalator des Mid-Levels** Centre **Rickshaw** Droite **Bus à impériale découverte**

TOP10 Transports

1 Escalator

Le plus long escalator du monde, situé dans le quartier escarpé des Mid-Levels, est destiné aux banlieusards, mais il est aussi le chouchou des touristes. Gratuit et idéal pour reposer ses jambes lourdes, il offre une vue imprenable sur les rues animées, les vieilles boutiques traditionnelles et les façades des immeubles *(p. 59)*.

2 Trams

Le système de tramways de Hong Kong est l'un des plus anciens (1904). Petit détail pour les passionnés : ce sont les seuls tramways à impériale du monde. Encore quelques voitures « vestiges » et toujours l'un des meilleurs moyens pour découvrir le rivage de l'île.

Un tram à l'ancienne

3 Peak Tram

L'ascension spectaculaire du Victoria Peak par ce funiculaire mis en service en 1888 demeure un *must* pour les touristes. À l'époque coloniale, certains sièges étaient réservés aux hauts dignitaires *(p. 9)*.

4 Airport Express Link

Pour ceux qui auraient le temps de s'ennuyer pendant les 24 min de trajet entre l'aéroport et Central, des télévisions individuelles ont été prévues au dos de chaque siège. Ultramoderne et lumineux.

5 MTR

Premier au monde en termes de fréquentation, le métro de Hong Kong transporte 3 millions de personnes par jour. Il est rapide et efficace ; les panneaux sont en anglais et en chinois ; les premiers tarifs équivalent au prix d'une tasse de café, et ceux permettant de faire le tour de la ville sont étonnamment bas.

6 Ferries

Sur le légendaire Star Ferry *(p. 14-15)* reliant l'île de Hong Kong à Kowloon, le trajet en 1re classe avec vue sur l'un des panoramas portuaires les plus exaltants au monde revient à la moitié du prix d'une tasse de café. D'autres ferries relient Hong Kong aux îles environnantes et aux Nouveaux Territoires *(p.138)*.

7 Pousse-pousse

Ils ne sont plus que sept, et leurs propriétaires âgés tentent de gagner leur vie en faisant payer les touristes qui les prennent en photo. Évitez de demander une course, à moins de vouloir déclencher les insultes (justifiées) des passants : ces pauvres vieillards s'effondreraient avant d'avoir atteint le bout de la rue.

8 Taxis

La grossièreté des chauffeurs de taxi de Hong Kong est légendaire ; mais qui resterait zen dans la circulation effroyable de cette ville ? Grâce à des contrôles sévères, de moins en moins de tarifs exorbitants.

9 Limousines

La ville de Hong Kong détient probablement le record mondial du nombre de Mercedes et de Rolls Royce par habitant. À lui seul, l'hôtel Peninsula possède une flotte d'environ quinze Rolls, dont une Phantom II datant de 1934.

10 Bus

Héritage des Britanniques, la plupart des bus à impériale de Hong Kong sont climatisés. La diffusion de publicités en continu sur les télévisions installées à bord peut vite devenir pénible, mais cet inconvénient est compensé par des tarifs défiant toute concurrence.

Star Ferry

Les 10 attractions de l'Escalator

1 Escalator
Le plus long escalator couvert du monde mérite à lui seul une visite.

2 Banlieusards
211 000 personnes l'utilisent chaque jour, évitant ainsi les embouteillages des Mid-Levels.

3 Central Market
L'Escalator s'élance face à ce marché de fruits et légumes joyeusement animé.

4 BoHo
(Sous Hollywood Road.) Le début du voyage vous emmènera au cœur de ce quartier branché.

5 SoHo
(Sud d'Hollywood Road.) Au premier arrêt, remontez vers les bars et restaurants à la mode *(p. 60)*.

6 Hollywood Road
Royaume des antiquaires, des galeries d'art, des nightclubs, des bars et du très ancien Man Mo Temple *(p. 61)*.

7 Galeries
Nombreuses galeries, dont plusieurs spécialisées dans l'art chinois contemporain.

8 Rednaxela Terrace
Ainsi nommée parce que, au XIXe s., « Alexander » fut écrit de droite à gauche sur la plaque de rue. Toujours pas corrigé.

9 Mosquée Jamai Masjid
Ou mosquée de Shelly Street. Construite en 1915, elle est l'un des trois lieux de culte qui sont destinés aux 70 000 musulmans.

10 Conduit Road
Fin de SoHo et début des Mid-Levels, avec foisonnement d'immeubles de luxe.

Hong Kong thème par thème

Gauche **Bank of China, Cheung Kong Centre et HSBC** Droite **Convention Centre**

🔟 Architecture contemporaine

L'intérieur de la HSBC

HSBC

Siège de la Hong Kong and Shangai Banking Corporation, la saisissante réalisation futuriste de sir Norman Foster est l'édifice le plus cher au monde (5,2 billions de HK\$). Grâce à la confluence des cinq « lignes du dragon » sur lesquelles il repose et à sa vue dégagée sur le port, il est réputé pour posséder le meilleur feng shui des alentours. Le dimanche, son atrium élancé est le rendez-vous de centaines de jeunes employées de maison philippines. ❀ *1 Queen's Road, Central • plan L5.*

Bank of China

Cette tour de verre aux arêtes acérées, haute de 70 étages et de 368 m, est l'œuvre du grand architecte américano-chinois I. M. Pei. Achevée en 1990, sa réputation en matière de feng shui est négative : elle enverrait en effet de mauvaises vibrations sur l'ancienne Government House, ainsi que sur d'autres bâtiments coloniaux. Vue panoramique sur la ville depuis le 43e étage. ❀ *1 Garden Rd, Central • plan L6 • 43e étage, terrasse panoramique lun.-ven. 9h-18h, sam. 9h-13h.*

Pont Tsing Ma

Ce pont suspendu, long de 2,2 km et servant aux transports routiers et ferroviaires, s'étire entre l'île de Tsing Yi et Lantau et permet de rejoindre l'aéroport de Chek Lap Kok. Terminé en 1997 (coût : 7,14 milliards de HK\$), il est impressionnant, surtout la nuit lorsqu'il s'illumine. Pour l'admirer, prenez le MTR jusqu'à Tsing Yi ou un bus pour l'aéroport, mais pas le train. Il y a aussi une plate-forme d'observation à Ting Kau *(p. 116)*. ❀ *Plan D4.*

Bank of China

Two IFC Tower

Achevée en 2003, la silhouette de la tour du Two International Finance Centre s'élance au-dessus de Victoria Harbour. Haute de 420 m, c'est le plus

haut gratte-ciel de Honk Kong et le 7e plus haut du monde – il sera bientôt surpassé par celui de l'International Commerce Centre. Un grand centre commercial se trouve au rez-de-chaussée.
◈ *Exchange Square, Central • plan L5.*

Aéroport international de Hong Kong

Autre œuvre de sir Norman Foster. Les atterrissages y sont moins palpitants que sur l'ancien aéroport, mais le nouveau terminal est tout de même impressionnant. Il a été construit sur une île spécialement aplanie : Chep Lap Kok. ◈ *Plan B4.*

Tours Lippo

Les cubes de verre qui hérissent ces mégalithes sont comparés à des koalas – clin d'œil à leur propriétaire australien, l'homme d'affaires et ex-détenu Alan Bond.
◈ *89 Queensway, Admiralty. • plan L-M6.*

The Centre

Sublime, cet immeuble dont la façade s'illumine de toutes les couleurs de l'arc-en-ciel est l'un des triomphes de Li Ka-shing.
◈ *Queen's Rd • plan K5.*

Cheung Kong Centre

Autre réalisation majestueuse de Li (qui vit au dernier étage),

Tours Lippo

composée de quadrilatères de verre. Parfaitement parallèle avec la Bank of China, pour obtenir un feng shui optimal. ◈ *Plan L6.*

Central Plaza

Il se situe à Wan Chai, et non à Central. Cet immeuble de 374 m (le plus haut du monde en béton armé) dépasse The Centre malgré ses deux étages de moins (78). ◈ *18 Harbour Rd, Wan Chai • plan N5 • 46e étage, terrasse panoramique lun.-ven. 9h-17h.*

HK Convention and Exhibition Centre

Tel un oiseau déployant ses ailes, cet imposant édifice qui semble dominer le port fut le siège de la cérémonie officielle de la rétrocession en 1997.
◈ *1 Expo Drive, Wan Chai • plan N5.*

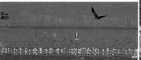

Gauche **Péninsule de Sai Kung** Centre **Oiseaux, marais de Mai Po** Droite **Ma On Shan**

⌀10 Splendeurs naturelles

1 Cap d'Aguilar
À 11 km au sud du quartier animé de Central se trouve le cap d'Aguilar, avec sa côte sauvage, ses roches érodées et sa faune sous-marine d'une richesse exceptionnelle. Les chercheurs ont découvert dans ses eaux vingt nouvelles espèces. ✪ *Plan F6.*

Rizières, Sha Lo Tung

2 Hoi Ha Wan
Avec ses criques et ses baies abritées, ce parc maritime de 260 ha, au nord de Sai Kung, est le paradis des plongeurs. ✪ *Plan G2.*

3 Marais de Mai Po
Déclaré site Ramsar (zone humide d'importance internationale) en 1995, Mai Po est l'une des réserves ornithologiques les plus riches de Chine. Des centaines d'espèces, mais aussi des loutres, des civettes, des chauves-souris et une foule d'amphibiens. ✪ *Plan D2.*

4 Bride's Pool
À éviter le week-end (jours de pique-nique). En semaine, vous pouvez profiter en solitaire de cette sublime succession de piscines naturelles et de cascades sur fond de forêts. ✪ *Plan F2.*

5 Pat Sin Range
À deux pas de Hong Kong, la nature, dans toute sa grandeur et sa sérénité. Beauté sublime du Pat Sin Peak (« huit esprits »), qui culmine à 639 m, et de ses vallées désertes. ✪ *Plan F2.*

6 Dragon's Back
Cette longue crête, ondulant vers le sud de l'île de Hong Kong, offre sur la mer de sublimes

Gauche **Bride's Pool** Droite **River Valley, Pat Sin**

Sharp Peak et la plage de Ham Tin, Tai Long Wan

vues plongeantes. Derrière Pottinger's Gap, profondes vallées boisées et plages. ⚘ *Plan F5*.

7 Jacob's Ladder
Depuis Three Fathom's Cove, gravissez les marches escarpées taillées dans la roche et pénétrez dans un univers de hautes terres isolées et de sentiers rocheux qui vous emmèneront, au nord, jusqu'au Mount Hallowes. Superbe vue sur le Tolo Channel. ⚘ *Plan G3*.

8 Sha Lo Tung
Proche de Hong Kong, c'est le site le plus évocateur des paysages chinois traditionnels. Dans cette vallée secrète parcourue de rivières, découvrez la magie des rizières, des forêts ancestrales et des villages abandonnés. ⚘ *Plan F2*.

9 Ma On Shan
Pour un paysage de montagne en Cinémascope, sans les gratte-ciel de Hong Kong en arrière plan. Avec son sommet culminant

à 702 m, ses plateaux et ses pentes verdoyantes, le Ma On Shan (« Saddle Mountain ») est tout simplement majestueux. ⚘ *Plan F3*.

10 Tai Long Wan
Pour les courageux qui graviront les sentiers étroits aux roches instables du Sharp Peak, dans la péninsule de Sai Kung, la récompense sera au bout du chemin. Depuis le sommet, vue plongeante et imprenable sur les vagues étincelantes et le sable blanc de la plus belle plage de Hong Kong *(p. 22-23)*.

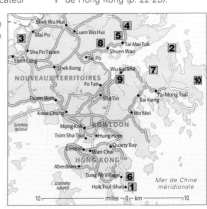

➡ *Autres sites naturels p. 105*

De gauche à droite **Promenade du Cultural Centre ; le Peak ; diseurs de bonne aventure, Temple Street**

🔟 Circuits et promenades

1 Circuit du Peak
Cette balade tranquille d'une heure autour de Victoria Peak, le long d'Harlech Road et de Lugard Road, vous fera découvrir un panorama grandiose sur la ville (au nord) et sur la mer (au sud). Avec en prime un aperçu des demeures des riches Hong-Kongais perdues dans la verdure (p. 8-9).

2 Temple Street, marché de nuit
Prévoyez du temps, non parce qu'il est vaste (Temple Street s'étend sur un petit kilomètre), mais pour flâner au milieu des diseurs de bonne aventure, des guérisseurs, des herboristes et des chanteurs d'opéra (p. 18-19).

3 Sentier MacLehose
Dans les Nouveaux Territoires, ce sentier long de 100 km est réservé aux vrais randonneurs. Les autres, notamment ceux qui privilégient les excursions d'une journée, peuvent se contenter d'en parcourir les parties les plus accessibles, parmi lesquelles le magnifique circuit autour du réservoir de High Highland.
* Informations auprès du HKTB (p. 139)
• plan G3.

4 De Central à Western par Hollywood Road
À l'ouest des tours futuristes de Central, le charme d'une promenade dans un quartier à dimension humaine, avec ses magasins d'antiquités, ses galeries et ses bars, jusqu'aux rues typiques de Western et ses docks (p. 58-61).

5 Promenade du Cultural Centre
Une promenade courte, qui part du terminal du Star Ferry à Kowloon et passe devant l'Inter-Continental. Le week-end, elle est envahie par une foule de familles. Elle permet de profiter de l'une des vues les plus animées sur le port (p. 82-83).

6 Nathan Road
Le Broadway de Hong Kong. Cette avenue vivante et clinquante, appelée le « Golden Mile », qui remonte la péninsule

Gauche **Un chemin paisible du Peak** Droite **Le marché de nuit de Temple Street**

Gauche **Nathan Road la nuit** Droite **Cheung Chau**

de Kowloon, commence avec les hôtels et les boutiques de luxe de la pointe sud, pour finir sur les karaokés crasseux et les vitrines bas de gamme des magasins du centre. Évitez d'y acheter du matériel électronique *(p. 81)*.

Hong Kong Land Loop

La plupart des tours prestigieuses de Central (Jardine House, Mandarin Oriental, Princes Building, Landmark Centre) appartenant au même conglomérat, le Hong Kong Land, celui-ci a eu la bonne idée de les relier par une série de passerelles. À faire, pour une vision aérienne et éthérée du cœur de la ville.
❧ *Plan L5.*

La Praya, Cheung Chau

Cette *praya* (ou front de mer) représente l'archétype du village de pêcheurs idéal : les prises fraîches, les bateaux amarrés, les étals de marché et les gamins courant en tous sens. Ne manquez pas les magnifiques citernes à bras, seules

et uniques voitures de pompiers de l'île *(p. 24-25)*.

Central Green Trail

À deux pas des banques, des centres commerciaux et des bureaux du centre, ce sentier balisé vous entraînera dans un univers ombragé de collines luxuriantes. Pour une heure de plaisir (à partir du terminus du tram, à Hong Kong Park).
❧ *Plan L6.*

Surfeur à Cheung Chau

Victoria Park

L'un des plus grands espaces verts de la ville. Venez-y de préférence tôt le matin, pour suivre les exercices des adeptes de tai-chi. Ce merveilleux lieu de détente et de flânerie, loin de la frénésie urbaine, est très prisé par les Hong-Kongais *(p. 68-69)*.

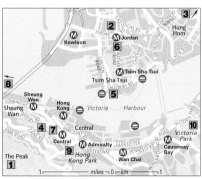

Gauche **Top Deck** Droite **Entrée du Spoon**

TOP 10 Restaurants

1 T'ang Court

Les travaux du Langham Hotel, d'un montant de 35 millions de dollars, ont été achevés en 2003, et la nourriture servie au T'ang Court est toujours aussi époustouflante. Les clés de sa réussite reposent sur un sens incomparable de l'innovation et la pratique du *wok chi* (cuisson rapide au wok à très haute température). ⊗ *1er étage, Langham Hotel, 8 Peking Road, Kowloon • plan N4 • 2375 1133 poste 2250 • \$\$\$\$.*

2 Verandah

De ses brunchs dominicaux frénétiques à ses dîners aux chandelles teintés de romantisme, ce restaurant chic du South Side plane au-dessus de ses concurrents. Un raffinement absolu jusque dans les moindres détails et une perfection impressionnante *(p. 77).*

3 Gaddi's

Fréquenté par des têtes couronnées, des stars hollywoodiennes et des chefs d'État, Gaddi's est sans conteste le *must* de la cuisine française à l'est du canal de Suez. Attendez-vous au grand jeu, pour gros budgets : menu ultrachic, service haut de gamme. Le paradis des amoureux du luxe *(p. 87).*

4 Nicholini's

Vous ne prévoyiez pas de faire un petit voyage jusqu'à Hong Kong pour manger italien ? Dommage. Couronné de l'Insegna del Romano, qui récompense le meilleur restaurant italien à l'étranger, Nicholini's sert des plats d'une fraîcheur et d'un charme absolus. La cuisine du nord de l'Italie à son plus haut niveau. ⊗ *8e étage, Conrad International, Pacific Place, Admiralty • plan N4 • 2521 3838 • \$\$\$\$.*

5 Spoon

Vous passerez un grand moment dans le restaurant d'Alain Ducasse qui revisite les classiques de la cuisine française : du foie gras au feuilleté aux framboises, tout est superbe. Cadre étonnant

Gauche **Verandah** Droite **One Harbour Road**

Mandarin Grill

et belle vue du port. L'importante carte des vins est pleine de surprises : contentez-vous de vous laisser guider par le sommelier qui officie avec art *(p. 87)*.

M at the Fringe
Un lieu fantaisiste et branché grâce à ses menus originaux, à son atmosphère bohème (il se trouve au-dessus des galeries du Fringe Club) et à son excentricité poussée dans les moindres détails (couverts dépareillés). M at the Fringe sert une cuisine qui, au-delà de son inspiration méditerranéenne et moyen-orientale, développe une interprétation très libre des goûts et des saveurs *(p. 65)*.

One Harbour Road
La cuisine cantonaise constitue le sommet de l'art culinaire chinois, et One Harbour Road est l'un de ses meilleurs représentants. Dès lors, préparez-vous à vivre une expérience culinaire d'un raffinement surprenant dans les fantaisies Art déco du Grand Hyatt. ⚑ *8e étage, Grand Hyatt, 1 Harbour Road, Wan Chai • plan N4 • 2584 7938 • $$$$.*

Mandarin Grill + Bar
Cossu, capitonné, le club par excellence, si réaliste que l'on pourrait se croire au St James à Londres, exception faite de la cuisine : aucun grill londonien ne servirait des viandes d'une telle qualité (nous parlons ici de plats « haut de gamme »). Rien d'étonnant si les hommes d'affaires s'y attardent des heures avec brandys et cigares *(p. 65)*.

Kung Tak Lam
Un conseil aux végétariens épuisés par une cuisine souvent médiocre : courez chez Kung Tak Lam. Vous y trouverez des merveilles de la cuisine de Shanghai, des plats légers et originaux que bien peu de restaurants végétariens pourraient préparer, ou même seulement imaginer. ⚑ *World Trade Centre 1001, 208 Gloucester Rd, Causeway Bay • plan P5 • 2881 9966 • $$.*

Fringe Club

Top Deck
Même si le Jumbo est un restaurant flottant très touristique, le pont supérieur est consacré à un restaurant de premier ordre. Le Top Deck est spécialisé dans les produits de la mer, depuis la bouillabaisse jusqu'au homard de Boston *(p. 77)*.

Hong Kong thème par thème

49

Gauche *Cha siu* Centre **Poisson mis à sécher à Cheung Chau** Droite **Pak choi**, une variété de chou

🔟 Spécialités culinaires

1 Cha siu
C'est, virtuellement, le plat national de Hong Kong. Son nom signifie « porc rôti ». Les tendres filets de porc sont rôtis et glacés dans du miel et des épices, puis suspendus aux fenêtres des rôtisseries. Ils sont servis en tranches fines, avec du riz vapeur et des légumes en julienne.

2 Moon cake
Un délicieux gâteau fourré d'un mélange de pâte de lotus, de jaunes d'œufs et de graines de sésame, parfois parfumé à la noix de coco. Selon la légende, des révolutionnaires, dans la Chine impériale, s'envoyaient des messages en les glissant à l'intérieur de ces gâteaux.

3 Poisson entier à l'étuvée
À Hong Kong, le poisson se prépare simplement avec un mélange d'huile d'olive, de sauce de soja,

Poisson entier vapeur

de ciboulette et de coriandre. Fraîcheur garantie dans les restaurants : le poisson est choisi vivant dans l'aquarium lors de la commande.

4 Poulet Hainan
Morceaux de poulet cuit à la vapeur, servis tièdes ou froids, et marinés dans de l'huile aromatisée au gingembre et aux oignons frais. En accompagnement : bouillon de volaille, quelques légumes et riz cuit à la vapeur (au-dessus du bouillon pour exalter sa saveur).

5 Poitrine de bœuf
Huit heures de cuisson, des recettes propres à chaque foyer ou restaurant, mais des incontournables : la poudre aux cinq épices chinoise, le sucre brun en morceaux et le zeste de mandarine. Servi dans un pot en terre cuite, comme plat unique ou sur des nouilles ou du riz.

Viandes séchées

6 Pak choi
Un légume feuillu, à tige creuse, que l'on peut relever avec la fameuse sauce aux huîtres ou avec la pâte aux crevettes et à l'ail. Meilleur quand il est sauté avec des piments forts et du tofu semi-fermenté.

7 Wonton

Dans l'idéal, ces délicieux raviolis de crevettes et de porc sont

Soupe *wonton*

pochés dans un bouillon d'œufs de crevettes, d'anis et d'épices, puis servis avec des nouilles aux œufs fraîches et de la soupe.

8 Boulettes de poisson

Plat quotidien pour de nombreux Hong-Kongais, les boulettes de poisson émincé, relevées de poivre blanc et d'épices, puis pochées dans de l'eau de mer ou dans un bouillon de poulet, se dégustent en brochettes ou avec des nouilles et du bouillon pour un repas plus substantiel. Dans les restaurants traditionnels, on continue de les façonner à la main.

9 Calamar en croûte au sel et poivre

Rayez de votre mémoire le souvenir désastreux des calamars frits des restaurants chinois occidentaux et goûtez les vrais, croustillants à souhait et gorgés de saveurs épicées. Ici, ils sont enrobés d'une pâte légère et frits très rapidement avec une grosse quantité de sel, de poivre blanc, d'ail et de piment.

10 Lai wong bau

Le pain chinois, cuit à la vapeur plutôt qu'au four (ce qui lui confère cette texture si douce et si veloutée), ressemble davantage à de la brioche. Il en existe différentes sortes, mais le *lai wong bau* fait figure de grand favori. Ces pains sont fourrés de crème aux œufs, de noix de coco et de sucre, et le plaisir suprême consiste à les déguster bien chauds par un matin d'hiver.

Les 10 dim sum (boulettes)

1 Har gow

Des crevettes enrobées de farine de riz – un genre de ravioli très dodu.

2 Siu mai

Porc émincé et morceaux de crevettes, garnis d'une pincée d'œufs de crabe.

3 Seen juk guen

Pâte de soja frite et croustillante, farcie de légumes. Excellente alternative au rouleau de printemps.

4 Gai jaht

Du poulet et du jambon dans des feuilles de soja, servis avec une sauce onctueuse.

5 Lohr bahk goh

Navet écrasé et frit avec ciboulette, crevettes séchées et salami chinois.

6 Cheung fun

Rouleaux de pâte de riz farcis de crevettes, de porc ou de bœuf, et enrobés de soja.

7 Chiu chow fun gohr

De tendres boulettes aux cacahuètes broyées, porc émincé et légumes marinés. Elles ressemblent à un gâteau.

8 Chin yeung laht jiu

Poivron vert farci de crevettes et de poisson dans une sauce aux haricots noirs.

9 Ji ma wu

Un dessert riche à se damner, avec du sucre et du sésame broyé. Apporté chaud sur le chariot.

10 Ma lai goh

Gâteau de Savoie aérien, aux œufs et aux noix, cuit à la vapeur.

Hong Kong thème par thème

Gauche **Jazz Club** Droite **Visage Free**

TOP 10 Night-clubs

Felix
La classe absolue. Conçu par Philippe Starck, ce bar à l'ambiance chic et tamisée se trouve au sommet du célébrissime Peninsula Hotel. Atmosphère luxueuse, toilettes délirantes et vue sur le port. Si vous ne vous rendez que dans un seul bar à Hong Kong, choisissez celui-là sans hésiter *(p. 87)*.

Foreign Correspondents Club
Tout club commémorant ses membres morts au combat, avec des plaques de cuivre vissées au-dessus de son bar, mérite d'entrer dans la légende. Réservé aux seuls membres et à leurs invités. ☎ *2 Lower Albert Rd, Central • plan K6 • 2521 1511.*

Dragon-i
L'étonnant décor intérieur est un mélange de styles chinois et japonais, avec quelques clins d'œil new-yorkais. Deux salles complètement différentes vous accueillent. Au cours de la soirée, la salle à manger Red Room se transforme peu à peu en salon pour les VIP; les autres se dirigeront vers les alcôves du Playground, dans une atmosphère de bronze et de miroirs, pour un cocktail corsé. Dans cet endroit ultrachic, mieux vaut ne pas détonner. *(p. 64)*.

Di Vino

Kee
À l'entrée de ce bar superbe et résolument tendance, un clavier discret sur une porte anonyme. Tous ceux qui ont un nom à Hong Kong se trouvent sur la liste de ses membres. Conséquence directe : la quasi-impossibilité d'y entrer. Inspiré du concept des cafés littéraires et philosophiques, Kee peut parfois donner l'impression d'en faire trop, mais il mérite le détour – si vous avez la chance de vous y faire inviter ! ☎ *6e étage, 32 Wellington St, Central • plan K5 • 2186 1861.*

Di Vino
Dans ce petit bar en forme de tunnel, on dirait que tout le monde est beau ! Si vous y allez pour prendre l'apéritif assez tôt, les prix seront plus modérés. Vous aurez le choix entre plus de quarante vins au verre. Souvent, au lieu de continuer la soirée ailleurs, on finit par se laisser tenter par un délicieux repas italien et on quitte Di Vino plus tard que prévu *(p. 65)*.

Beijing Club
Ce nouveau lieu de la vie nocturne hong-kongaise a élu domicile dans un ancien bâtiment de bureaux. Situé sur trois étages, ce club n'a guère fait d'efforts dans la décoration. La piste de danse et le bar principal sont au 2e niveau; la zone de repos, le *chill-out*, est

Gauche **Felix** Droite **Quartier de Central la nuit**

au 3e et dispose d'un immense écran de projection et d'un balcon ; la zone VIP est au 5e. La musique habituelle, hip hop et R&B, est parfois pimentée par des DJ du Ministry of Sound *(p. 64)*.

Jazz Club

En temps normal, ce bar minuscule et banal ne mérite pas d'être cité, mais lorsqu'un « maître » arrive en ville, il devient le lieu d'improvisations légendaires. Croyez-le ou non, mais Wynton Marsalis et Miles Davis ont joué sur la scène du Jazz Club, devant une centaine de privilégiés qui avaient été inspirés de s'y rendre ce soir-là. 🇸 *2e étage, 34 D'Aguilar St, Lan Kwai Fong • plan K5 • 2845 8477.*

Visage Free

Une bonne alternative aux bars branchés des incontournables SoHo et BoHo. Au Visage Free, on méprise les impératifs commerciaux pour organiser des lectures mensuelles de poésie. Clientèle fidèle et éclectique. 🇸 *Amber Lodge, 23 Hollywood Road, BoHo • plan J5 • 2546 9780.*

Feather Boa

À l'écart de l'artère bruyante de Staunton Street et de ses bars se trouve ce joyau à l'entrée discrète, aux draperies d'or et aux sofas fin de siècle. La clientèle, jeune, appartient au monde fermé des médias et des arts. L'un des secrets les mieux gardés de SoHo, en espérant que cela dure *(p. 64)* !

Soirées « dance »

En Asie, Hong Kong est une étape de choix dans le circuit international des DJ, et la ville a nourri plus de talents que de raison. Les soirées *dance,* en particulier dans les salles caverneuses du HITEC, sont parfaitement organisées. Pour plus d'informations, consultez les médias locaux. 🇸 *Plusieurs sites.*

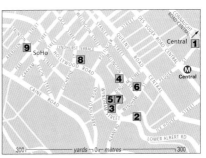

Gauche **Observation des dauphins** Centre **Montagnes russes, Ocean Park** Droite **Enfant, Kowloon**

Activités pour les enfants

Ocean Park

Ocean Park

Mettre le public en contact avec la nature, telle est la vocation d'Ocean Park. Diverses présentations, telles que celles consacrées au grand panda et à son habitat, aux récifs coralliens, aux méduses ou encore aux dauphins, fascineront les enfants. Pour les plus âgés, des séances dirigées leur permettront de toucher certains animaux. Le parc offre de nombreuses autres attractions comme les montagnes russes du Mine Train et la Raging River, dans Adventure Land *(p. 73)*.

Musée des Sciences

Nombreuses attractions interactives pour une approche à la fois distrayante et éducative de la science. Les enfants peuvent passer des heures penchés sur les boutons, les leviers et les gadgets en tout genre *(p. 82)*.

Jardins zoologique et botanique

Avec ses kiosques en fer forgé et ses sentiers bordés d'arbustes, cet univers est teinté de l'atmosphère désuète de l'époque victorienne (les jardins datent de 1864). Nul doute que la singerie et son importante colonie de gibbons à favoris roux retiendront l'attention de vos enfants. Également des jaguars, des léopards, des kangourous et 280 espèces d'oiseaux.

🅢 *Upper Albert Rd, Central • plan K6 • ouv. t.l.j. 6h-19h • EG.*

Observation des dauphins

Vite ! Les eaux polluées menacent de tuer les derniers dauphins blancs chinois qui, dans le delta de la Pearl River, sont en fait rose pâle. 🅢 *Hong Kong Dolphinwatch 15280 Star House, Tsim Sha Tsui • plan B4 (dauphins) • 2984 1414 • bus à 8h20 au Mandarin Oriental à Central et à 8h50 au Kowloon Hotel TST • ouv. mer., ven., dim. • EP.*

Hong Kong Disneyland

Si la célèbre souris s'est inspirée du style feng shui pour la conception de son dernier site asiatique, le reste est fidèle à la tradition américaine. Fantasyland, Adventureland et Tomorrowland

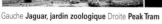

Gauche **Jaguar, jardin zoologique** Droite **Peak Tram**

Gauche **Musée des Sciences** Droite **Tramway traditionnel**

sont situés au-delà de Main Street, USA. 🏵 *Île de Lantau, desservi par son propre arrêt de MTR • horaires et achat de billets pour le jour même : 330 830 • Rés. : park.hongkongdisneyland. com (recommandée) • EP.*

Lions Nature Education Centre

Vous ne rencontrerez pas de lions dans ce parc… Mais on peut y voir des vergers, un *arboretum*, des jardins de pierre, mais surtout un *insectarium* où les vilains grands frères trouveront mille horreurs pour effrayer leurs petites sœurs.
🏵 *Tsiu Hang, Sai Kung, Nouveaux Territoires • plan G3 • 2792 2234 • ouv. t.l.j. sauf mar. 9h30-17h30 • EG.*

Ngong Ping

Depuis Tung Chung, un impressionnant voyage de 25 min en téléphérique, loin du fracas de la ville, au-dessus de la mer et des collines escarpées. On parvient ainsi à Po Lin et à son Bouddha géant *(p. 28-29)*.
🏵 *Île de Lantau • plan B5 • EP.*

Tram Tour

Secousses, roulis et bruits de ferraille le long du front de mer ou vers Happy Valley. Souvent noirs de monde, lents et bruyants, les trams

n'ont pas leur pareil pour vous faire découvrir Hong Kong *(p. 138)*.

Kowloon Park

Dans le poumon vert de Tsim Sha Tsui, deux grandes piscines, l'une couverte et l'autre de plein air, des jardins pour flâner et une volière *(p. 83)*.

Snoopy's World

Passez un moment avec le célèbre chien et son maître malchanceux, Charlie Brown. Un hommage coloré et drôle aux héros de la formidable BD de Charles Schultz, avec des personnages animés de 2 m de haut et une soixantaine de Peanuts. 🏵 *L3 Podium, New Town Plaza, Sha Tin, Nouveaux Territoires • plan E3 • 2684 9175 • ouv. 10h-20h • EG.*

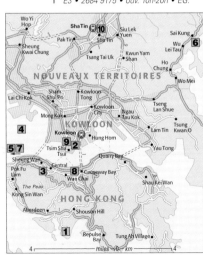

Pages suivantes Port de Cheung Chau

VISITER
L'ÎLE DE
HONG KONG

Le nord-ouest
58-65

Le nord-est
66-71

Le sud
72-77

VISITER
KOWLOON

Tsim Sha Tsui
80-87

Yau Ma Tei, Mong Kok
et Prince Edward
88-93

Le nouveau Kowloon
94-99

VISITER
LA RÉGION

Les Nouveaux Territoires
100-109

Les îles de l'archipel
112-117

Macao
118-125

Shenzhen
126-129

Guangzhou
130-133

Gauche **Perroquet, Hong Kong Park** Centre **Escalator** Droite **Quartier de Central et port**

Île de Hong Kong – Le nord-ouest

D es tours de verre orgueilleuses de Central aux bars et galeries de SoHo, en passant par les docks et les rues pavées de Western, ourlées de boutiques bruyantes, le nord-ouest de l'île semble concentrer toutes les contradictions surréalistes de Hong Kong. Au cœur des canyons de béton, encaissés entre les immeubles de bureaux et les banques futuristes, surgissent des marchés de rue traditionnels, des temples, des herboristeries ; au gré de ces rues qui comptent probablement parmi les artères les plus commerçantes de toute l'histoire de l'humanité, vous pourrez tout trouver, du vin de bile de serpent au macchiato brûlant.

🔟 Les sites du nord-ouest

1. Hong Kong Park
2. Exchange Square et Two IFC Tower
3. Ancienne Government House
4. Escalator
5. SoHo
6. Sheung Wan et Western
7. Lan Kwai Fong
8. Front de mer
9. Temple de Man Mo
10. Hollywood Road

Temple de Man Mo

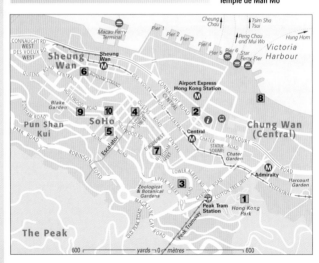

La volière, Hong Kong Park

Hong Kong Park

Si l'animation incessante de Central vous épuise, courez vous réfugier dans ce havre de paix. Outre ses espaces verts aux arbres ancestraux, ses lacs, son conservatoire, sa tour d'observation et son musée des Services à thé (accès libre, à l'intérieur de Flagstaff House), il abrite une volière paisible et ombragée. Dans cette superbe jungle miniature aux cours d'eau paresseux, une multitude d'oiseaux exotiques vole en liberté (entrée libre). ✪ *Plan L6.*

Exchange Square et Two IFC Tower

Comme son nom l'indique, Exchange Square est le cœur du marché financier. Si la Bourse n'est pas ouverte au public, le square, en revanche, constitue un lieu paisible pour venir se désaltérer ou se restaurer en plein air – un trésor à Hong Kong. Près de la fontaine s'élèvent des sculptures d'Henry Moore et d'Elisabeth Frink. L'immeuble le plus récent de la place est la Two IFC Tower *(p. 42-43)* – un ajout de taille aux gratte-ciel déjà impressionnants de Hong Kong. ✪ *Plan L5.*

Ancienne Government House

Ce grand bâtiment ancien, qui autrefois jouissait d'une vue sur le port, fut la résidence des gouverneurs britanniques de 1855 à 1997, date à laquelle le dernier d'entre eux, Chris Patten, rendit Hong Kong à la Chine. Son successeur, Tung Chee-hwa, prétexta le feng shui négatif de la Bank of China *(p. 42)* pour rester dans sa demeure du Peak. Dans les années 1940, les occupants japonais agrémentèrent sa structure géorgienne de tours de style shinto. Il est aujourd'hui utilisé à des fins officielles et ouvert occasionnellement au public (contact HKTB, *p. 139*). ✪ *Plan L6.*

Escalator

Une formidable curiosité. Long de 792 m et composé d'une succession d'escaliers mécaniques qui relient toutes les rues entre Queen's Road et Conduit Road, c'est le moyen idéal pour découvrir à pied les quartiers escarpés de Central, SoHo et Mid-Levels. De 10 h à minuit, il gravit la colline ; entre 6 h et 10 h (les heures de pointe du matin), son sens s'inverse. ✪ *Plan K5.*

Sculpture d'Elisabeth Frink, Exchange Square

Les 10 attractions de l'Escalator des Mid-Levels **p. 41**

Visiter l'île de Hong Kong – Le nord-ouest

Gauche **Restaurant, SoHo** Droite **Objets d'art anciens, Hollywood Road**

SoHo
Au cours des années 2000, SoHo (qui doit son nom à sa situation au sud d'Hollywood Road) est passé de la douce somnolence d'un quartier commerçant traditionnel à la frénésie d'un lieu branché où se multiplient restaurants, bars et cafés à la mode. Parmi les rues à arpenter : Elgin Street, Shelley Street et Staunton Street. ✪ *Plan K5.*

Sheung Wan et Western
Pour découvrir ces anciens quartiers traditionnels, situés à l'ouest des tours de Central et de ses magasins élégants, privilégiez la marche à pied. Étonnants étalages de poissons séchés aux odeurs pénétrantes, ginseng, nids d'hirondelles, serpents, herbes mystérieuses et offrandes en papier pour les morts. Flânez autour de Bonham Street. ✪ *Plan J4.*

Lan Kwai Fong
Peu d'intérêt pendant la journée. En revanche, Lan Kwai Fong (ou Orchid Square) s'anime le soir lorsque les employés de bureaux se rendent dans sa multitude de bars, clubs et restaurants pour décompresser. Le vendredi soir, les rues se remplissent de fêtards, et

> ### La peste
> Au XIXe s., à l'instar de tant de villes au cours de l'histoire, Hong Kong souffrit d'épidémies de peste dévastatrices, nées au cœur de quartiers surpeuplés et insalubres. C'est ici, en 1894, que la source du virus fut identifiée de façon quasi simultanée par deux médecins. Cette découverte révolutionna la prévention et le traitement de la maladie.

notamment la minuscule Wing Wah Lane, face à Aguilar Street, avec ses bars et ses restaurants thaïs, malais et indiens, d'un bon rapport qualité/prix. ✪ *Plan K5.*

Front de mer
En sortant du Star Ferry, à Central, tournez à droite vers le front de mer (réduit à sa plus simple expression et peu mis

Temple de Man Mo

Statue Square, à Central p. 10-11

Quartier de Wan Chai

en valeur). Des bancs et une jolie vue sur Kowloon. Derrière vous, Jardine House, l'immeuble le plus haut d'Asie pendant des années ; vers l'est, la silhouette en forme de bouteille retournée du Prince of Wales, devenu une caserne. Tous les soirs à 20 h, depuis le front de mer, la *Symphonie des lumières*, un spectacle son et lumière, illumine la ville. ◈ *Plan L-M5.*

Temple de Man Mo
Il date de 1840 et est dédié aux dieux Man (dieu des Lettres) et Mo (dieu de la Guerre). Saturé d'odeurs entêtantes de bois de santal (les immenses spirales d'encens mettent deux semaines à se consumer), son intérieur rouge et or est obscur et mystérieux. Petit détail pour les cinéphiles : certaines scènes du film de Richard Quine, *Le Monde de Suzie Wong*, furent tournées dans ces lieux. ◈ *Extrémité de Western, Hollywood Rd • plan J5.*

Hollywood Road
La Mecque des amateurs d'antiquités chinoises. Les bonnes affaires y sont plus rares, mais à l'extrémité est de la rue on trouve toujours autant de magasins vendant de l'ivoire sculpté, des céramiques anciennes et de jolies tabatières. Pour des objets d'art anciens ou kitsch, des bibelots ou de vieilles pièces de monnaie, allez faire un tour sur Upper Lascar Row. Marchandage accepté, voire indispensable. ◈ *Plan J-K5.*

Une journée à Central

Le matin

À Des Vœux Road, prenez le tram vers Central ouest et descendez devant l'élégant bâtiment colonial du **Western Market** *(p. 38)* : flânez parmi les étals du rez-de-chaussée (surtout des bricoles), puis du 1er étage (des tissus), avant de monter déguster de délicieux *dim sum*.

Autour de Bonham Strand, les apothicaires côtoient les boutiques de poissons séchés ou d'offrandes en papier. Grimpez jusqu'au très authentique **Temple de Man Mo**, puis flânez en direction d'**Hollywood Road** et de ses magasins d'antiquités.

Arrêtez-vous pour déjeuner ou boire un verre dans l'un des nombreux restaurants et bars situés au sud d'Hollywood Road (**SoHo**), ou plus bas, sur **Lan Kwai Fong** très animé le soir.

L'après-midi

Découvrez les produits frais dans les marchés situés autour de l'**Escalator** *(p. 59)* et de Graham Street, avant de rejoindre **Statue Square** *(p. 10-11)*, cœur colonial de l'île.

Dirigez-vous vers les **centres commerciaux luxueux** *(p. 63)* ou, pour vous reposer, vers Queen's Pier, d'où vous aurez une belle vue sur le port. Pour un panorama spectaculaire, montez jusqu'à la terrasse panoramique de la **Bank of China** *(p. 42)*.

À deux pas vous attendent l'ombre et la verdure du **Hong Kong Park** *(p. 59)*.

Gauche **Cathédrale St John** Centre **Poste de police colonial** Droite **Legco Building**

🔟 Vestiges coloniaux

1 Cathédrale St John
Achevée en 1850, St John ressemble à une simple église paroissiale plus qu'à une cathédrale. Elle est la plus ancienne église anglicane du Sud-Est asiatique. ✪ *Plan L6.*

2 Statue de George VI
Érigée en 1941 dans les Jardins botanique et zoologique, elle commémore 100 ans de règne britannique. ✪ *Plan K6.*

3 Noms de rues coloniaux
On retrouve l'héritage colonial dans de nombreux noms de rues inspirés de personnages royaux (Queen's Road), de politiciens (Peel Street), de militaires (D'Aguilar, Pedder) et de fonctionnaires (Bonham, Des Vœux). ✪ *Plan K5-6.*

4 Ancienne boîte aux lettres
Parmi les dernières boîtes aux lettres traditionnelles vertes, en fonte, frappées du sceau royal britannique, jetez un œil sur celle située à l'extrémité nord de Statue Square. ✪ *Plan L5.*

5 Ancien hôpital militaire
L'imposant bâtiment situé entre Bowen et Borrett Roads est un ancien hôpital militaire. ✪ *Bowen Road • plan L6.*

6 Poste de police d'Hollywood Road
L'un des derniers vestiges de la loi et de l'ordre coloniaux à être toujours debout, avec la prison Victoria. ✪ *Plan K5.*

7 Flagstaff House
Construite au milieu des années 1840, Flagstaff House est l'un des plus vieux bâtiments coloniaux. Elle abrite aujourd'hui le musée des Services à thé. ✪ *Hong Kong Park • plan L6 • EG.*

8 Duddell Street
Rien de spectaculaire, mais les lampes à gaz et les marches de Duddell Street datent de 1870. ✪ *Donne sur Ice House St • plan K5.*

9 Legco Building
L'élégant bâtiment néo-classique du Legislative Council, achevé en 1911 et dans lequel siégeait la Cour suprême de Hong Kong, abrite aujourd'hui le Parlement de la ville. ✪ *Plan L5.*

10 Missions étrangères
L'ancienne Mission française (construite en 1927) est devenue la Cour d'appel finale de Hong Kong, un nom peu approprié quand on sait qu'elle n'hésite pas à transmettre certaines affaires à Pékin. ✪ *Battery Path • plan L6.*

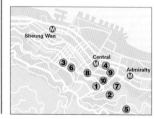

Gauche **Harvey Nichols, Landmark Centre** Droite **Lane Crawford**

🔟 Magasins et boutiques de luxe

Landmark Centre
Centre commercial aussi luxueux que moderne, avec ses enseignes illustres : Chanel, Dior, Zegna, Versace, Prada, Vuitton, Bulgari et Tiffany. ⬡ *Pedder St • plan L5.*

Seibu
Vêtements de créateurs, cosmétiques, articles ménagers et alimentation sur quatre étages. ⬡ *Pacific Place, 88 Queensway, Admiralty • plan M6.*

Lane Crawford
Vêtements haut de gamme de la plupart des créateurs occidentaux, articles pour la maison, produits de beauté, verre et porcelaine (de l'exotique à la pacotille). ⬡ *Pacific Place, 88 Queensway, Admiralty • plan M6.*

Prince's Building
Moins de grands noms du luxe qu'au Landmark Centre, mais l'endroit est plus calme, plus aéré et plus lumineux. Vêtements et accessoires de créateurs. ⬡ *Statue Square et Des Vœux Rd • plan L5.*

Pedder Building
Ne compte pas parmi les meilleurs, mais beaucoup de soldes intéressants sur les vêtements de créateurs. Plus spécialisé dans la mode féminine. ⬡ *Pedder St • plan L5.*

Gucci
Un temple dédié au dieu italien Gucci, tenu par d'élégantes prêtresses. Aurez-vous les moyens de venir l'honorer ? ⬡ *Landmark Centre, G1 • plan L5.*

Dragon Culture
Chez cet antiquaire, poteries de la plupart des dynasties, sculptures de bambou, tabatières. ⬡ *231 Hollywood Rd • plan K5.*

Lock Cha Tea Shop
Dans un bâtiment colonial, des experts proposent tous les thés de Chine, au moins une centaine de variétés, ainsi que des théières et autres accessoires modernes ou traditionnels. ⬡ *Rez-de-chaussée, K. S. Lo Gallery, Hong Kong Park, Admiralty • plan L6.*

Shanghai Tang
De très habiles variations à partir de vêtements et ornements traditionnels chinois, par David Tang. Les deux articles de base sont les vestes et les montres Mao kitsch. ⬡ *The Pedder Bldg • plan L5.*

David's Shirts
La chemise est la spécialité de cette institution de Hong Kong. Pour une chemise sur mesure, comptez deux jours. ⬡ *Mezzanine, Mandarin Oriental, Queen's Rd • plan L5.*

Gauche **Fringe Club** Centre **Boca** Droite **V13**

🔟 Bars et clubs

Dragon-i
Le club le plus branché de Central où l'on a aperçu top models, personnages influents et célébrités comme Jackie Chan ou Sting. 🐦 *Sous-sol, Centrium, 60 Wyndham St • plan K5 • 3110 1222.*

Club N° 9
L'un des bars à cocktails les plus courus. Installez-vous au balcon sur un sofa et profitez de la vue. 🐦 *3e étage, The Galleria, 9 Queens Rd, Central • plan K5 • 2973 6899.*

One Fith
One Fith est sans conteste l'un des bars les plus animés du moment. Pour ses hauts plafonds, son beau monde et son ambiance branchée. S'écrit aussi « 1/5 ». 🐦 *9 Star St • plan K5 • 2529 2300.*

V13
Les plus blasés seront comblés par le choix phénoménal de vodkas. La prison Victoria se trouve en face. 🐦 *13 Old Bailey St • plan K5 • SoHo • 9803 6650.*

Boca
Les vins espagnols servis au verre ou en bouteille accompagnent à merveille le menu composé de tapas et de *dim sum*. Choisissez une table sur la rue. 🐦 *65 Peel St • plan K5 • 2548 1717.*

Feather Boa
Pour avoir l'impression de boire un verre chez sa vieille tante. Un magasin d'antiquités reconverti en bar. 🐦 *38 Staunton St, SoHo • plan K5 • 2857 2586.*

Club « 97 »
Madonna et Delon y passèrent quand son nom était le Post « 97 ». Plus calme aujourd'hui – et on ne s'en plaint pas. 🐦 *Rez-de-chaussée sup., 9-11 Lan Kwai Fong • plan K5 • 2810 9333.*

Beijing Club
Trois étages consacrés à la musique house, R&B et hip hop, jusqu'à 9 h du matin *(p. 52-53)*. 🐦 *2e, 3e et 5e étages, Wellington Place, 2-8 Wellington St, Central • plan K5 • 2526 8298.*

Fringe Club
Le lieu artistique alternatif de Hong Kong. Un répit agréable après les bars à bière bruyants de Kwai Fong. 🐦 *2 Lower Albert Rd, Central • plan K6 • 2521 7251.*

Rice Bar
Pionnier de la métamorphose du quartier en lieu branché. Tendance homo, mais chacun est le bienvenu. 🐦 *33 Jervois St, Western • Plan K5 • 2851 4800.*

Catégories de prix

Prix moyen pour une personne, comprenant trois plats et une demi-bouteille de vin (ou repas équivalent), service inclus.	**$** moins de 100 HK$ **$$** de 100 à 250 HK$ **$$$** de 250 à 450 HK$ **$$$$** de 450 à 600 HK$ **$$$$$** plus de 600 HK$

Gauche **Pierre** Droite **Yung Kee**

🔟 Restaurants

Lei Garden
Ce restaurant, maintes fois primé, propose une cuisine cantonaise moderne – légère, délicate et subtile. ✪ *3e étage, IFC Mall • plan K5 • 2295 0238 • $$$.*

The Mandarin Grill + Bar
L'intérieur a été revu par sir Terence Conran, mais le menu propose toujours des classiques de la cuisine anglaise et des fruits de mer de première qualité.
✪ *Mandarin Oriental, 5 Connaught Rd • plan L5 • 2522 0111 • $$$$.*

M at the Fringe
Parmi les premiers vrais restaurants indépendants de Hong Kong, M a su devenir une institution sans perdre son caractère original. ✪ *1er étage, 2 Lower Albert Rd • plan K6 • 2877 4000 • $$$$.*

Di Vino
La communauté étrangère apprécie la cuisine italienne rustique, le décor élégant et les tables en plein air. L'espadon est délicieux. ✪ *73 Wyndham St • plan K5 • 2167 8883 • $$$.*

IndoChine 1929
Volets de bois, tons pastel et habiles compositions de cuisine vietnamienne régionale : un parfum du vieil Hanoi. ✪ *2e étage, California Tower, 30-32 D'Aguilar St • plan K5 • 2869 7399 • $$$.*

Ye Shanghai
Déco chinoise avec alcôves, rideaux d'organza et motifs rétro.

Excellente cuisine de Chine du Nord. ✪ *One Pacific Place • plan M6 • 2918 9833 • $$$$.*

Jimmy's Kitchen
Un lieu couru pour sa décoration limite mauvais goût (cuir et bois foncé) et son menu rétro. Bonne cuisine de bistro depuis des générations. ✪ *1-3 Wyndham St • plan K5 • 2526 5293 • $$$.*

Yung Kee
Bruyant et agité il est connu pour ses plats de volaille : essayez le rôti d'oie. ✪ *32-40 Wellington St • plan K5 • 2522 1624 • $$$.*

Pierre
La carte de Pierre Gagnaire reflète le talent de ce chef qui a trois étoiles au *Michelin*. Cuisine française créative et moderne, servie dans un cadre impressionnant.
✪ *Mandarin Oriental, 5 Connaught Rd • plan L5 • 2522 0111 • $$$$.*

Kau Kee
Goûtez sa poitrine de bœuf aux nouilles et vous saurez pourquoi on lui a offert des millions pour sa recette. ✪ *21 Gough St • plan J5 • 2850 5967 • Pas de cartes de paiement • $.*

Sauf indication contraire, tous les restaurants acceptent les cartes de paiement.

65

Gauche **Noonday Gun (canon)** Droite **Restaurant tournant, Hopewell Centre**

Île de Hong Kong – Le nord-est

Premier à réagir au boom démographique de la capitale coloniale, le nord-est de l'île de Hong Kong a gardé jusqu'à la fin des années 1970 sa réputation de quartier populaire. Elle perdure aujourd'hui dans les bars à strip-tease et les boutiques de tatouage de Wan Chai, le quartier où Richard Manson écrivit Le Monde de Suzie Wong et où des générations de marins connurent leurs nuits d'ivresse. Désormais, la tendance serait plutôt aux Starbucks, aux hôtels-appartements et bureaux de standing, aux courses nocturnes et frénétiques de Happy Valley, la Mecque des turfistes, et aux myriades de restaurants et boutiques de Causeway Bay. Plus loin, parmi les entrepôts sans charme et les immeubles de bureaux de Quarry Bay et Chai Wan, surgissent quelques jolies surprises – jazz live, mini-brasseries et boîtes de nuit.

🔟 Les sites du nord-est

1. Central Plaza
2. Noonday Gun
3. Convention and Exhibition Centre
4. Lockhart Road
5. Le « Vieux » Wan Chai
6. Courses de Happy Valley
7. Hopewell Centre
8. Victoria Park
9. Port antityphon de Causeway Bay
10. Temple de Tin Hau

Néons dans le « Vieux » Wan Chai

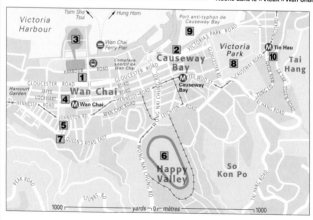

Central Plaza

Central Plaza
Peut-être les promoteurs ont-ils pensé que « Central Plaza » sonnerait mieux que « Wan Chai Plaza » ou se sont-ils dit que Wan Chai était plus central que Central, si l'on se réfère au cœur même du front de mer hong-kongais ? Central Plaza est l'immeuble le plus haut de la ville (après l'IFC Tower), culminant à 374 m. ◈ *18 Harbour Rd, Wan Chai • plan N5.*

Le canon
Chaque jour à midi, depuis 1860, un coup de canon retentit dans la baie (il saluait à l'origine l'arrivée ou le départ d'un *taipan* - dirigeant d'une grande compagnie étrangère). Certains paient pour avoir l'honneur de le tirer (l'argent est versé à des œuvres de charité) ; à défaut, un artilleur en uniforme traditionnel s'en charge. Il fut immortalisé dans une chanson de Noel Coward, *Mad Dogs and Englishmen*. ◈ *Près du port antityphon de Causeway Bay • plan Q5 • pour tirer : 2599 6111.*

Convention and Exhibition Centre
Il ressemble à ce que serait l'Opéra de Sydney si un marteau gigantesque s'abattait sur son toit. Selon les architectes, ses lignes fluides sont censées évoquer un oiseau en vol. Ce fut une course contre la montre pour terminer à temps ses travaux d'agrandissement en vue de la cérémonie de la rétrocession de 1997 (l'événement y est commémoré par un obélisque noir). Des *raves* et des concerts de musique pop y sont parfois organisés. Coût total : 5 billions de HK$. ◈ *1 Expo Drive, Wan Chai • plan N5 • 2582 8888.*

Lockhart Road
Rendue célèbre par le roman de Richard Manson, *Le Monde de Suzie Wong,* cette artère de Wan Chai où soufflait un parfum de scandale concentre aujourd'hui un curieux mélange de bars douteux avec de vieilles *mama-san* (ayant connu la guerre du Vietnam), de pickpockets, de discothèques minables, de faux pubs anglais et de restaurants et bars ultra-branchés. Des travaux perpétuels ne font qu'ajouter au vacarme. ◈ *Plan M-P6.*

Convention and Exhibition Centre

Immeubles contemporains p. 42-43

Gauche **Courses à Happy Valley** Droite **Hopewell Centre**

Le « Vieux » Wan Chai

Ce quartier pourrait s'appeler la « Petite Thaïlande » de Hong Kong. Des douzaines d'épiceries et de restaurants thaïs modestes sont apparus au cœur du marché de Wan Chai et de son labyrinthe de ruelles, entre Johnston Road et Queen's Road East. On y sert les mêmes plats que dans les restaurants thaïs chic situés à quelques pâtés de maisons, mais au quart de leur prix. ✎ Plan N6.

Courses de Happy Valley

Le mercredi soir, de septembre à juin, le gazon du célèbre champ de courses (un ancien marais où sévissait la malaria) résonne du grondement des sabots. Des turfistes passionnés et des mises plus élevées que sur n'importe quel autre hippodrome au monde *(p. 12-13)*.

Hopewell Centre

Magnat du bâtiment, Gordon Wu a construit des routes en Chine, participé à la construction d'une voie ferrée à Bangkok, mais le Hopewell Centre reste sa réalisation la plus célèbre. Au sommet de ce cylindre de 66 étages, derrière Wan Chai, un restaurant tournant vertigineux

Victoria Park

Qu'est devenue Suzie Wong ?

Beaucoup de ceux qui viennent pour la première fois à Hong Kong ont en tête une image de Wan Chai : celle de l'hôtel Luk Kwok avec ses prostituées au grand cœur et ses *rickshaw*, tout droit sortis du film *Le Monde de Suzie Wong*, lui-même tiré du roman de Richard Mason. Cette image a 40 ans. L'hôtel d'origine a été détruit en 1988 et l'immense tour de béton et de verre qui l'a remplacé (mais qui a conservé son nom) abrite désormais bureaux et restaurants. Si Suzie Wong a survécu, nul doute qu'elle rit amèrement aujourd'hui.

– le R66 – sert une cuisine assez moyenne, que compense une vue spectaculaire, notamment la nuit et au crépuscule. ✎ 183 Queen's Rd East, Wan Chai • plan N6

• R66 : 2862 6166.

Victoria Park

Le plus grand parc de la ville (où a lieu le marché aux fleurs du nouvel an chinois) date de 1957. On y trouve une piscine, des courts de tennis, des terrains de boules gazonnés, une tribune où, chaque dimanche midi, des politiciens en herbe viennent haranguer la

Causeway Bay

foule, et une statue en bronze de l'austère reine Victoria qu'un « artiste activiste » badigeonna un jour de peinture rouge. ❧ *Plan Q-R5.*

9 Port antityphon de Causeway Bay

Un port bondé où de vieux rafiots incrustés de coquillages et d'anciens *gin palaces* partagent les lieux avec des yachts somptueux. Au pied de la digue qui les protège des vents violents soufflant régulièrement sur la côte de la mer de Chine méridionale, des péniches d'habitation, pittoresques et fleuries, sont ancrées à l'année. Quand vous êtes face à la mer, l'édifice imposant du Yacht Club de Hong Kong se trouve sur votre gauche. ❧ *Plan Q5.*

10 Temple de Tin Hau

Ni le plus grand ni le plus connu des temples dédiés à la déesse chinoise de la Mer, mais certainement le plus accessible. Il mérite une visite si vous êtes dans le quartier. Détail surprenant : il se trouvait auparavant sur le front de mer. En dehors des fêtes chinoises, seuls quelques fidèles viennent y prier et allumer leurs bâtonnets d'encens. ❧ *Plan R6.*

Une journée de flânerie

Le matin

🕐 Commencez par une promenade vivifiante dans le **Hong Kong Park**, véritable havre de verdure cerné par les buildings. Avec un peu de chance, vous y verrez des couples en grande tenue attendant leur tour pour se marier au Cotton Tree Drive Registry Office. Allez visiter l'Edward Youde Aviary, étonnante volière aux filets gigantesques abritant une multitude d'oiseaux d'Asie du Sud-Est.

Après avoir dépassé les tours noires imposantes de la Citybank, dirigez-vous vers **Pacific Place** pour y boire un café et faire du lèche-vitrines, puis vers le port. Admirez, sur votre droite, les courbes aériennes du **Convention and Exhibition Centre** *(p. 67).* Derrière ses hautes baies vitrées, jolies vues sur la baie.

L'après-midi

Retournez déjeuner à Wan Chai, sur **Lockhart Road** *(p. 67).* À cette heure-là, les établissements louches dorment encore et vous trouverez des restaurants thaïs, mexicains, chinois et de cuisine traditionnelle *(p. 71).*

Sur Hennessy Road, sautez dans un tram qui vous emmènera à Causeway Bay, à l'est de Wan Chai. Vous pouvez aussi prendre le métro (une station). Descendez à Times Square, excellent point de départ pour le shopping et la découverte du quartier. Si le bruit vous fatigue, réfugiez-vous au **Victoria Park** avant d'aller vous offrir un cocktail chez Totts, au sommet de l'hôtel Excelsior.

Gauche **Sogo** Droite **Page One**

10 Magasins

Page One
La meilleure librairie de Hong Kong. Grand choix de romans et d'essais à des prix raisonnables. Les livres sont tous exposés côté couverture. ✆ *B1 Times Square, 1 Matheson St, Causeway Bay • plan P6.*

Jusco
L'une des plus importantes chaînes japonaises dans un quartier populaire. On le ressent dans ses prix modiques. Mode, alimentation, articles pour la maison. ✆ *Kornhill Plaza, 2 Kornhill Rd, Quarry Bay • plan F5.*

Sogo
Un magasin très apprécié pour ses produits japonais, même s'il n'est pas à la hauteur de Seibu *(p. 63)*. ✆ *555 Hennessy Rd, Causeway Bay • plan P6.*

Island Beverley
Cette galerie mystérieuse est truffée de petites boutiques vendant les créations de jeunes stylistes locaux. ✆ *1 Great George St, Causeway Bay • plan Q5.*

Fashion Walk
Son ambiance rappelle celle d'Island Beverley. Nombreuses boutiques intéressantes et bonnes affaires sur les produits de beauté. Essayez aussi D-Mop. ✆ *Paterson St, Causeway Bay • plan Q5.*

J-01
Point d'orgue des collections branchées de cette boutique « cool », voire délirante, la *Splatter Collection* de l'artiste japonais Dehara Yukinori. Ne manquez surtout pas ses sculptures, dont *Killed Person* et *Brainman*. ✆ *57 Paterson St, Causeway Bay • plan Q5.*

Spring Garden Lane
Sur ce marché, des vêtements à bas prix, destinés à l'exportation, donc de bonne qualité. ✆ *Spring Garden Lane, Wan Chai • plan N6.*

Marathon Sports
Baskets et articles de sport en tout genre sur des centaines de mètres carrés. ✆ *Shop 616, 6e étage, Times Square, 1 Matheson St, Causeway Bay • plan P6.*

Fortress
Le meilleur endroit pour l'électronique dernier cri, à prix raisonnables et avec des garanties valables. ✆ *7e et 8e étages, Times Square, 1 Matheson St, Causeway Bay • plan P6.*

Lee Gardens
Prada, Paul Smith, Versace, Christian Dior et Cartier. Destiné à ceux qui en ont les moyens. ✆ *33 Hysan Ave, Causeway Bay • plan Q6.*

Joe Bananas

Catégories de prix

Prix moyen pour une personne, comprenant trois plats et une demi-bouteille de vin (ou repas équivalent), service inclus.	
$	moins de 100 HK$
$$	de 100 à 250 HK$
$$$	de 250 à 450 HK$
$$$$	de 450 à 600 HK$
$$$$$	plus de 600 HK$

☝10 Bars et restaurants

Tasty Congee and Noodle Wantun Shop
Pour beaucoup ce restaurant sert les meilleurs *congee* (bouillie de riz) et nouilles sautées au bœuf. Les *dim sum* sont aussi très appréciés. ❧ *Rez-de-chaussée, 21 King Kwong St, Happy Valley • 2838 3922 • $$.*

Petrus
Cuisine française moderne, servie dans une salle très agréable avec vue panoramique sur le port. ❧ *Island Shangri-La, Supreme Court Road, Pacific Place • plan M6 • 2820 8590 • $$$$.*

Joe Bananas
Célèbre pour son marché à la viande la nuit et sa bonne cuisine de bistro le jour. À éviter lors de la semaine des Rugby Sevens en mars (p. 37). ❧ *Angle Luard Rd et Jaffe Rd, Wan Chai • plan N6 • 2529 1811 • $$.*

Fat Angelo's
Pains énormes et portions de pâtes gargantuesques. ❧ *414 Jaffe Rd, Wan Chai • plan N6 • 2574 6263 • $$$.*

JJ's
Ce club élégant, situé sur deux niveaux, attire une clientèle branchée. Dégustez un cocktail tout en écoutant l'orchestre. ❧ *Grand Hyatt, 1 Harbour Rd, Wan Chai • plan N5 • 2584 7662 • $$.*

American Peking Restaurant
Ouvert dans les années 1950 et toujours dans la course. Excellent canard laqué. ❧ *20 Lockhart Rd • plan N6 • 2527 1000 • $$.*

Moon Garden Tea House
Halte tranquille pour échapper à l'agitation de Hong Kong, ce salon de thé en propose plus de 70 variétés. ❧ *5 Hoi Ping Rd, Causeway Bay • plan Q6 • 2882 6878 • $$.*

Totts Asian Grill and Bar
Totts signifie « tout le monde en parle ». Ce qui n'est pas le cas. En revanche, belles combinaisons de saveurs, bar à sushis et vue panoramique. ❧ *Excelsior Hotel, Gloucester Rd • plan Q5 • 2837 6786 • $$$.*

One Harbour Road
Pour une authentique cuisine cantonaise, subtile et sans aucune influence étrangère, rendez-vous au One Harbour Road. ❧ *Grand Hyatt, 1 Harbour Rd, Wan Chai • plan N5 • 2588 7938 • $$$$.*

Brown
Happy Valley a été envahie par une profusion de bars à vin et de cafés-restaurants. Que dire de celui-ci ? Que son décor est… marron. ❧ *18A Sing Woo Rd • 2891 8558 • $$.*

Sauf indication contraire, tous les restaurants acceptent les cartes de paiement.

Gauche **Panda géant**, Ocean Park Droite **Restaurants flottants**

Île de Hong Kong – Le sud

A lors que l'est et l'ouest de l'île de Hong Kong disparaissent peu à peu sous les lotissements, le sud de l'île (ou Southside) conserve son authenticité et sa nature sauvage. Son littoral déchiqueté, ses collines boisées et ses plages isolées étonneront ceux qui ne voient en Hong Kong qu'une gigantesque métropole. Si vous quittez le centre-ville par le tunnel d'Aberdeen, vous découvrirez un univers lumineux de terrains de golf, de marinas et de villas cossues, les plages de Repulse Bay et Deep Water Bay, le spot de surf de Big Wave Bay ; plus loin, Stanley et ses vendeurs de colliers de corail et d'anciennes pipes d'opium, puis le village préservé de Shek O dont les maisons de bord de mer sont devenues la coqueluche des citadins branchés. Enfin, Dragon's Back et sa crête plongeant vers le sud-est de la péninsule, le paradis des plus belles randonnées avec vue sur la mer de Chine.

🔟 Les sites du sud

1. Port d'Aberdeen
2. Restaurants flottants
3. Ocean Park
4. Deep Water Bay
5. Repulse Bay
6. Shek O
7. Dragon's Back
8. Stanley
9. Ap Lei Chau
10. Cimetière chinois

Ocean Park

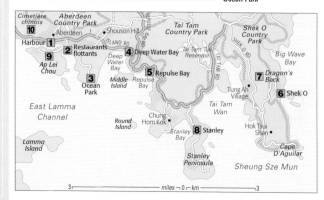

Port d'Aberdeen

un bon aperçu du port avec ses bateaux et ses chantiers de construction. Mais si vous avez faim, filez en ferry vers Lamma et ses restaurants de fruits de mer *(p. 117)*. ✎ *Plan E5.*

Port d'Aberdeen

Malgré le déclin de la pêche industrielle (dû à la pollution et à la pêche intensive), le joli port d'Aberdeen, aujourd'hui cerné par les immeubles, demeure le refuge d'une multitude de jonques à l'arrière haut et carré. Quittez rapidement le centre (très laid) et allez photographier les sampans et leurs couronnes de pneus ou faire un tour sur le marché aux poissons, situé à l'extrémité ouest du port, afin d'assister au chargement des prises sur les camions. ✎ *Plan E5.*

Restaurants flottants

L'un des deux immenses restaurants flottants du port, pris d'assaut par les touristes, est le célèbre Jumbo, réputé pour avoir servi plus de 30 millions de personnes. Repas à la chaîne dans un cadre clinquant, à des prix aussi peu séduisants que la cuisine. Pour les rejoindre, navettes gratuites ou sampans dont les propriétaires vous repèrent avant votre arrivée. Les deux permettent d'avoir

Ocean Park

Face à l'installation de Disneyland sur l'île de Lantau, le plus vieux parc d'attractions de Hong Kong a réagi en proposant, avec succès, de nouvelles activités. Vous trouverez ici de quoi vous occuper, vous et vos bambins, une journée entière. Plus de 30 attractions permanentes, dont des montagnes russes, des pandas géants et des installations aquatiques comme l'*Atoll Reef*, qui recrée l'habitat et la vie marine sur un récif de corail *(p. 54)*. ✎ *Plan E5* • *2552 0291* • *www.oceanpark.com.hk* • *ouv. t.l.j. 9h-18h30* • *EP.*

Deep Water Bay

Un petit air de Méditerranée souffle sur le front de mer de Deep Water Bay, très apprécié des baigneurs et de la population aisée qui vit dans ses luxueuses villas. De taille moyenne, la plage est surveillée par des maîtres nageurs, dispose d'un filet antirequins et son eau est généralement de bonne qualité. Comme toutes les plages de Hong Kong, elle est bondée dès l'apparition du soleil. ✎ *Plan E5.*

Gauche **Marché aux poissons, port d'Aberdeen** Centre **Aquarium, Ocean Park** Droite **Deep Water Bay**

Gauche **Repulse Bay** Droite **Shek O**

Repulse Bay

Autre destination très populaire, la plage de Repulse Bay, qui, malgré ses hordes (passagères) de baigneurs, reste propre et bien entretenue. Pour boire ou manger un morceau, le choix ne manque pas, des petits cafés de plage au Verandah *(p. 77)*, restaurant luxueux appartenant au même groupe que le Peninsula Hotel. À l'extrémité sud de la plage, le Hong Kong Lifeguards Club mérite une visite pour ses statues de dieux et de bêtes fabuleuses. ✪ *Plan F5.*

Shek O

Village intact, Shek O mérite le déplacement (assez long, en train et bus). Un lieu d'une exquise sérénité, que viennent troubler le week-end les adorateurs du dieu Soleil. Allez jusqu'au cap admirer les étonnantes formations rocheuses battues par les vagues, sur fond de brise rafraîchissante. À Big Wave Bay (vers le nord, allez-y à pied ou

Maison en bord de mer, Shek O

> ### La défense de Hong Kong
>
> Les Anglais ont toujours assuré la défense côté mer. En revanche, le nord est resté vulnérable – faille dont ont su profiter les Japonais au cours de la Seconde Guerre mondiale, en envahissant l'île par le continent. Des centaines de civils furent enfermés dans la prison de Stanley ; nombre de personnes mortes au combat ou durant l'occupation reposent dans le cimetière voisin.

en taxi), possibilité de surf et de *body boarding*. Après tous ces efforts, filez au charmant Black Sheep *(p. 77)*, bar-restaurant aux allures méditerranéennes où vous pourrez savourer la bière de vos rêves. ✪ *Plan F5.*

Dragon's Back

Sur la carte, cette randonnée de 6 km paraît longue et ardue. En réalité, le chemin qui grimpe doucement vers la crête du Dragon's Back ne présente aucune difficulté pour un marcheur normal, et la récompense est au bout du chemin : vues sur la côte escarpée de la péninsule d'Aguilar, Big Wave Bay et le charmant Shek O. Comptez 3 h, sans vous presser ; de quoi vous ouvrir l'appétit avant l'arrivée à Shek O. N'oubliez pas les bouteilles d'eau ! ✪ *Plan F5.*

Stanley

Ancien village de pêcheurs, Stanley fut l'une des plus grandes villes de l'île avant l'arrivée des Anglais et l'installation d'un fort sur sa péninsule stratégique. S'il reste des vestiges de ces deux époques, les principaux attraits – justifiés – de Stanley sont ses nombreux et excellents restaurants du front de mer et son marché (p. 16-17).

Ap Lei Chau

Située face au port d'Aberdeen, Ap Lei Chau (île du Canard) est censée être l'île la plus peuplée du monde. Record non usurpé : elle disparaît sous les gratte-ciel. Sachez que l'extrémité sud de l'île est le royaume des magasins d'usine. Sinon, près du quai d'embarquement des ferries, quelques petites entreprises familiales, chantiers de constructions et temples ont survécu à la folie immobilière. ✪ Plan E5.

Cimetière chinois

Cimetière chinois

Sur la colline surplombant Aberdeen, le cimetière chinois est le lieu idéal pour les rois de la photo (superbes sujets dans le cimetière lui-même et le port en contrebas). L'ascension de son escalier interminable (et raide !) reste synonyme d'exploit, surtout les jours de canicule. ✪ Plan E5.

Le tour de l'île

Le matin

Ce tour de l'île de Hong Kong est parfaitement faisable dans la journée, à condition de ne pas partir trop tard.

De Central, prenez un bus pour **Aberdeen**, descendez près du **port** (p. 73) et négociez un tour en sampan. Vous serez assailli par les demandes, mais n'attendez de votre « guide » aucun commentaire explicatif. Tentez d'apercevoir les dernières péniches qui sont encore ancrées ici.

Pour déjeuner, évitez les restaurants flottants « industriels » du port et allez à **Repulse Bay** (15 min en bus), où vous pourrez profiter de la plage avant de vous installer dans l'un de ses innombrables cafés du bord de mer ou au très sélect **Verandah** (p. 77). Pour ceux qui préfèrent pique-niquer, le supermarché se trouve juste derrière.

L'après-midi

En continuant vers le sud, sur la côte, vous arriverez dans la charmante ville de **Stanley**. Pour ceux qui n'auraient pas encore déjeuné, les restaurants y sont excellents, avec de jolies vues sur la mer pour certains. Allez ensuite flâner sur son **marché** (vêtements et souvenirs), même s'il est loin d'être le meilleur de Hong Kong (p. 39).

Pour finir la journée, rejoignez en bus ou en taxi le parc de Tai Tam. Un chemin le traverse qui permet de rejoindre Wong Nai Chung Gap, d'où bus et taxis reviennent en ville.

Visiter l'île de Hong Kong – Le sud

Gauche **The Birdcage** Centre **Verandah** Droite **El Cid**

TOP 10 Magasins d'usine d'Ap Lei Chau

1 Horizon Plaza

Une tour plutôt minable, à l'extrémité de l'île d'Ap Lei Chau *(p. 75)*. De nombreux magasins d'usine y vendent des vêtements dégriffés, des meubles en gros, des objets anciens et de décoration. Pour y aller, le plus simple est de prendre un taxi à Aberdeen. *2 Lee Wing St, Ap Lei Chau • plan E5.*

2 Joyce Warehouse

Ce lieu justifie sans doute le trajet pénible jusqu'à Horizon Plaza. Vaste choix de vêtements de créateurs dégriffés. Remises de 60 % sur Armani et marques identiques. *21e étage, Horizon Plaza.*

3 Replay

Magasin d'entrepôt et d'échantillons. Stocks limités de vêtements sport, mais réductions importantes frôlant souvent les 80 %. *7e étage, Horizon Plaza.*

4 Inside

Magasin d'usine modeste d'une chaîne de boutiques d'ameublement chic. Quelques articles soldés avec des remises pouvant aller jusqu'à 90 %. *16e étage, Horizon Plaza.*

5 The Birdcage

Ici, vous trouverez surtout de l'art chinois ancien en provenance de Birdcage, le magasin des propriétaires sur le continent. Bibelots faciles à emporter et mobilier. *22e étage, Horizon Plaza.*

6 Toys Club

Petit magasin proposant un choix superbe de jouets et de jeux éducatifs à prix d'usine. *9e étage, Horizon Plaza.*

7 Lane Crawford Outlet

Les articles qui tournent peu et les anciens stocks de grands magasins chic de Hong Kong sont soldés ici à des prix bien plus bas que les prix d'origine. *25e étage, Horizon Plaza.*

8 Matahari

Une boutique et un entrepôt de vente en gros où s'entassent antiquités chinoises et reproductions, coussins et rideaux, lampes en soie de style Shanghai et meubles pour enfants peints à la main. *1er étage, Horizon Plaza.*

9 Space

Sacs à main, accessoires, chaussures et vêtements de la saison précédente par l'inimitable créateur de mode italien Prada. Décor minimaliste et véritable présentation à la Prada. *2e étage, East Commercial Block, Marina Square, South Horizons.*

10 Golden Flamingo

Le Golden Flamingo vend de tout, des innombrables babioles (parmi lesquelles une jolie collection de vases chinois, de cadres photo et de boîtes à bijoux laquées) au mobilier cher et encombrant. *27e étage, Horizon Plaza.*

Catégories de prix

Prix moyen pour une personne, comprenant trois plats et une demi-bouteille de vin (ou repas équivalent), service inclus.

**$** moins de 100 HK$
**$$** de 100 à 250 HK$
**$$$** de 250 à 450 HK$
**$$$$** de 450 à 600 HK$
**$$$$$** plus de 600 HK$

Saigon at Stanley

🔟 Bars et restaurants

Verandah
Le meilleur restaurant du Southside. Chandelles, vue sur la mer et parfum colonial d'antan. Le lieu pour une sortie en amoureux… à gros budget. 🏮 *109 Repulse Bay Rd, Repulse Bay • plan F5 • 2315 3166 • $$$$.*

Black Sheep
Dans une ruelle tranquille du village bohème de Shek O, sur la côte sud-est, un accueillant café végétarien. 🏮 *330 Shek O Rd, Shek O Village • plan F5 • 2809 2021 • $$.*

Pickled Pelican
Ce pub sert une cuisine traditionnelle savoureuse accompagnée de bières spéciales. Grande variété de whiskies écossais. 🏮 *90 Stanley Main St, Stanley • plan F6 • 2813 4313 • $$.*

Spices
L'un des meilleurs restaurants de Hong Kong pour dîner dehors. Spices propose une excellente cuisine thaïe et de bon currys indiens, servis dans un jardin luxuriant. 🏮 *Rez-de-chaussée, The Repulse Bay Hotel, 109 Repulse Bay Rd, Repulse Bay • plan F5 • 2292 2821 • $$$.*

El Cid
Après une sangria et des tapas sur le grand balcon colonial de ce restaurant espagnol haut de gamme, Stanley se teintera d'une légère atmosphère ibérique. La plus jolie vue depuis le front de mer. 🏮 *102 Murray House, Stanley Plaza • plan F6 • 2899 0858 • $$$$.*

Saigon at Stanley
Un restaurant vietnamien sympathique. Au crépuscule, les romantiques iront s'attabler sur son balcon. 🏮 *1er étage, 90 Stanley Main St • plan F6 • 2899 0999 • $$$.*

Top Deck
Les Hong-Kongais évitent en général les restaurants flottants, qui sont des pièges à touristes, mais le réaménagement du pont supérieur a ramené les clients. Le buffet de fruits de mer est excellent *(p. 49)*. 🏮 *Dernier étage, Jumbo Kingdom, Shum Wan Pier Drive, Aberdeen • plan E5 • 2552 2331 • $$$.*

Pepperoni's
Des pizzas basiques mais correctes. Hamburgers et grillades sont servis dans un cadre décontracté. Menus enfants disponibles. 🏮 *18b Stanley Main St, Stanley • plan F6 • 2813 8605 • $$.*

Smuggler's Inn
Le Smuggler's Inn, vestige d'une époque où les soldats britanniques venaient y dépenser leur paye, a échappé à la transformation de Stanley en lieu branché. 🏮 *90A Stanley Main St • plan F6 • 2813 8852 • $.*

Lucy's
Apprécié depuis toujours pour sa bonne cuisine aux influences méditerranéennes. Ambiance détendue, qualité irréprochable ; sert de bons déjeuners légers. 🏮 *64 Stanley Main St • plan F6 • 2813 9055 • $$.*

Sauf indication contraire, tous les restaurants acceptent les cartes de paiement.

Gauche **Cultural Centre** Centre **Huîtres, Sheraton Hotel** Droite **Gargouille, Boom Bar**

Kowloon – Tsim Sha Tsui

*H*onnêtement, Tsim Sha Tsui (contracté en TST par égard pour tous ceux qui ne pratiquent pas le cantonais) demeure la parodie du quartier touristique dans un port asiatique, avec ses tailleurs et ses vendeurs supportant mal les importuns, et ses bars à hôtesses spécialisés dans les tournées ruineuses. Mais TST n'est pas que cela. On y trouve également de nombreux sites culturels de qualité internationale, des musées, des galeries d'art, des hôtels d'un luxe hallucinant – le Peninsula, l'InterContinental, le Langham – et le monolithe d'Harbour City, royaume de tout ce dont on peut rêver en matière de produits et de services.

Les sites de TST

1 Golden Mile
2 Peninsula Hotel
3 Musée d'Histoire
4 Musée de l'Espace
5 Musée des Sciences
6 Musée d'Art
7 Mosquée de Kowloon
8 Cultural Centre
9 Clocktower
10 Kowloon Park

Peninsula Hotel

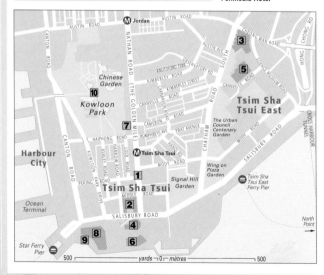

Pages précédentes **Plover Cove, Nouveaux Territoires**

Golden Mile

Golden Mile

Cette artère qui part du front de mer et remonte Nathan Road mériterait davantage le qualificatif de « Neon Mile » ! Moins clinquante que Central, elle aligne bars, restaurants, tailleurs, magasins de photo et d'électronique avec, de temps en temps, le bar *topless* de rigueur. La foule y est si dense que parcourir cette rue relève de l'exploit. ✎ *Plan N1-4.*

Peninsula Hotel

La Palme d'or du luxe. Serein et majestueux, il se dresse face au panorama vertigineux de l'île de Hong Kong et, malgré quelques promotions, ses tarifs les plus bas correspondent aux tarifs les plus élevés de nombre d'hôtels haut de gamme (une nuit dans une su... reviendra au... neuve !). Il se... huit bars et r... Felix, créé pa... et Gaddi's, rest... de gamme pour c... *(p. 87).* Vous pouvez arriver par hélicoptère sur le toit ou demander que l'on vienne vous chercher en Rolls. ✎ *Salisbury Rd, Kowloon • plan N4 • voir aussi p. 147.*

Musée d'Histoire

La construction de ce musée a coûté près de 400 millions de HK$, dont la moitié pour la création de la Hong Kong Story, qui a l'ambition de raconter l'histoire de Hong Kong depuis sa naissance, il y a 400 millions d'années. Celle-ci se déroule à travers huit galeries contenant plus de 4000 objets. L'accent est mis sur l'environnement naturel, la culture et le développement historique de Hong Kong.
✎ *100 Chatham Rd South • plan M3 • 2724 9042 • ouv. lun., mer.-sam. 10h-18h, dim. 10h-19h • EP (EG mer.).*

Musée de l'Espace

Le passé vous fatigue ? Tournez-vous vers le futur. Le curieux dôme du Space Museum, au cœur de Tsim Sha Tsui, abrite une salle Omnimax et des attractions interactives.
✎ *Cultural Centre Complex, 10 Salisbury Rd • plan N4 • 2721 0226 • ouv. sam.-dim. 10h-21h, lun., mer.-ven. 13h-21h ; ferm. mar. • EP (EG mer.).*

Gauche **Musée d'Histoire** Droite **Musée de l'Espace**

Gauche **Musée des Sciences** Droite **Cultural Centre**

Musée des Sciences

Si vous avez le courage d'affronter une foule d'écoliers bruyants, vous trouverez ici des attractions interactives fascinantes, dotées de suffisamment de boutons à pousser, de gadgets à essayer et de leviers à tirer pour satisfaire les enfants les plus blasés. Les principes de base de chimie, de physique, de biologie et autres sciences y sont expliqués de manière moins rébarbative qu'à l'école. ◈ 2 Science Museum Rd • plan P3 • 2732 3232 • ouv. sam.-dim. 10h-21h, lun.-mer., ven. 13h-21h • EP (EG mer.).

Musée d'Art

Encore en forme pour un musée ? Celui-ci propose de belles collections de tableaux, d'eaux-fortes, de lithographies et de calligraphies, de tessons de poteries et d'objets du néolithique retrouvés en Chine du Sud, ainsi que d'élégantes porcelaines de nombreuses dynasties chinoises. ◈ 10 Salisbury Rd • plan N4 • 2721 0116 • ouv. ven.-mer. 10h-18h, sam. 10h-20h • EP (EG mer.).

Musée d'Art

Chungking Mansions

Devenues légendaire pour sa résistance acharnée aux menaces de démolition. Une triste succession de *guesthouses* décrépites, à trois étages, au cœur du scintillement de Nathan Road, dont les rez-de-chaussée sont occupés par des boutiques, des fast-foods et des vidéoclubs minables où les drogués viennent s'affaler parmi les rats et les fils électriques. Le cinéaste hong-kongais Wong Kar-wai en a fait le décor de son succès de 1994, *Chungking Express*. Le meilleur moyen de découvrir l'endroit est de s'arrêter dans l'un de ses restaurants indiens à trois sous *(p. 87)*.

Mosquée de Kowloon

À l'heure de la prière, la plupart des musulmans hong-kongais se retrouvent au Jamia Masjid Islamic Centre. Possibilité de s'y rendre mais obligation de retirer ses chaussures et d'adopter un comportement respectueux. Il est interdit d'entrer dans la salle de prières à quiconque n'est pas musulman. ◈ 105 Nathan Road • plan N3 • 2724 0095 • ouv. t.l.j. 5h-22h • Jumah (ven.), prières à 13h15.

Cultural Centre

Les architectes ont eu l'idée géniale de bâtir le premier édifice sans fenêtres et de le recouvrir d'un carrelage rose estampillé « toilettes publiques » ! L'un des plus beaux gâchis architecturaux

Clocktower

du XXᵉ s., mais de bons spectacles (danse et théâtre).
🔗 *10 Salisbury Rd*
• *plan M-N4*
• *2734 9009*
• *ouv. t.l.j. 9h-23h ; guichet : ouv. t.l.j. 10h-21h30.*

Clocktower

Si le Kowlon-Canton Railway arrive aujourd'hui à Hung Hom, il terminait autrefois son voyage à la Clocktower, tout comme le célébrissime *Orient Express* (p. 14). La ligne du KCR vient d'être prolongée jusqu'à ce lieu mythique – bon point de départ d'une promenade sur le front de mer (environ 1 km), avec peut-être la chance d'apercevoir un pêcheur optimiste lançant sa ligne dans le port. • *Plan M4.*

Kowloon Park

Si vous êtes à TST et craignez d'être abordé par le énième racoleur de la journée, alors précipitez-vous dans ce parc et allez vous détendre sur un banc ombragé. Il y a une grande piscine (réputée pour être un lieu de drague homosexuelle), une volière et un lac avec des flamants roses et autres oiseaux.
🔗 *Haiphong Rd* • *plan M-N3*
• *ouv. t.l.j. 5h-minuit.*

Kowloon Park

Une matinée de promenade

Le matin

En embarquant sur le **Star Ferry** *(p. 14-15)* pour TST, observez le West Kowloon Reclamation sur votre gauche. Si la Mass Transit Railway Corporation arrive à ses fins, une tour qui prétendra au titre d'immeuble le plus haut du monde s'y dressera d'ici 2 à 3 ans.

Si vous avez survécu à la bousculade de la descente (attention aux vieilles femmes en pyjama !), dirigez-vous vers la **Clocktower** pour admirer l'un des panoramas les plus époustouflants. Traversez ensuite Salisbury Road, en direction du **Peninsula Hotel** *(p. 81)* pour un thé très sélect.

Armez-vous de courage pour affronter la foule du **Golden Mile** *(p. 81)*, et un conseil : à moins de vouloir un nouveau costume ou une robe, ne croisez jamais le regard des racoleurs ; ils ne connaissent pas les refus et sont sans pitié pour les faibles.

Le déjeuner

Quand vous serez fatigué des artères polluées, des racoleurs et des bousculades, traversez Haiphong Road pour rejoindre le **Kowloon Park** afin de vous reposer tout en regardant les passants.

Enfin, si votre estomac commence à crier famine, retournez sur Nathan Road, au Joyce Café, pour ses plats végétariens à bons prix et ses *tai-tai* (riches oisives) qui comparent leurs emplettes de la matinée. Excellents expressos, cappuccinos et délicieuses lasagnes aux légumes.

Gauche **Chungking Mansions** Centre **Kowloon Park** Droite **The Langham Hotel**

TOP 10 Postes d'observation

The Avenue
Demandez une table côté rue, de préférence sous la verrière. Derrière les baies vitrées qui courent du sol au plafond, vous pourrez profiter du défilé sur Nathan Road en dégustant une cuisine aux saveurs imaginatives. ◎ *50 Nathan Road • plan N4 • 2315 1118 • \$\$\$.*

Chungking Mansions
Pour assister à un défilé incessant de phénomènes de toutes sortes, voire de voyous, accostés par des armées de rabatteurs.*(p. 82 et 152).*

Mirador Mansions
Moins célèbres que les précédentes, mais divertissantes. Encore plus d'individus étranges et de routards désorientés. ◎ *54-64 Nathan Rd • plan N4.*

Kowloon Park
Allez vous asseoir sur les bancs proches de la fontaine, au cœur du parc. L'été, défilé continu d'une foule colorée *(p 83).*

Felix
Si vous n'avez pas les moyens de dîner dans ce restaurant chic, offrez-vous un verre au bar. Pour observer ceux qui s'observent… *(p. 87).*

Harbour City
Paradis des curieux. Gigantesque labyrinthe de centres commerciaux truffé de cafés et de bancs où s'installer pour assister à l'orgie de consommation *(ci-contre).*

Waterfront Promenade
Au départ du Star Ferry, si vous vous dirigez vers l'est, entre les hôtels cinq-étoiles et les musées, vous rencontrerez aussi bien des adeptes du tai-chi que des dames accompagnées de tout petits chiens, tous venus profiter de l'air marin. ◎ *Salisbury Rd • plan M4–N4.*

The Langham Hotel
Discret et élégant, le Langham attire une clientèle qui l'est tout autant, comme la star Michelle Yeoh, l'héroïne de *Tigre et Dragon.* ◎ *8 Peking Rd • plan M4.*

Häagen-Dazs
L'oasis glacée des jours de canicule. Perché sur l'un des tabourets en verre du bar, regardez la foule pressée se bousculer sur le Golden Mile. ◎ *Angle de Nathan Rd et Peking Rd • plan N4.*

Chaser's Pub
Idéal pour observer la foule branchée de Knutsford Terrace. Un des secrets les mieux gardés de Hong Kong. ◎ *2-3 Knutsford Terrace • plan N3.*

Gauche **Centre commercial d'Harbour City** Droite **Joyce**

🔟 Boutiques

1 Harbour City
Ce gigantesque complexe de centres commerciaux – parmi lesquels Ocean Terminal, Ocean Centre et Golden Gateway – s'étire le long de Canton Road. Au moins 700 boutiques. Réservé aux « accros » du shopping. ✎ *Canton Rd • plan M3-4.*

2 Granville Road
Pour les T-shirts-souvenirs et les grands noms à prix cassés et de second choix. Chez Bossini et Giordano, excellent rapport qualité-prix. ✎ *Plan N3.*

3 Joyce
Sa fondatrice, Joyce Ma, est une icône à Hong Kong. Boutique mère à Central ; succursale tout aussi impressionnante sur Nathan Road, surtout pour les amateurs de Prada ! ✎ *Glo Gateway Centre, Canton Rd • plan N4.*

4 Rise Commercial Building
Un extérieur banal, mais un paradis pour les branchés avant-gardistes. ✎ *Angle de Chatham Rd South et Granville Rd • plan N3.*

5 Beverley Centre
Le pionnier de la mode sophistiquée à TST. Étage après étage, petites boutiques de jeunes créateurs locaux. ✎ *87-105 Chatham Rd South • plan N3.*

6 Davidoff
Une impressionnante collection de cigares à des prix accessibles. ✎ *Boutique EL3, The Peninsula Arcade • plan N4.*

7 Star House
Le *must* pour les ordinateurs, les logiciels et tout ce qu'il faut pour les fans d'informatique. On peut marchander. ✎ *3 Salisbury Rd • plan M4.*

8 Toys 'R' Us
Sans doute le plus grand de Hong Kong. Rêve des petits, cauchemar du porte-monnaie. ✎ *Boutique 032, Ocean Centre • plan M4.*

9 Fortress
Si la profusion de boutiques d'électronique de TST vous donne le tournis, optez pour Fortress. Une valeur sûre. Des prix parfois plus alléchants ailleurs, mais attention à la camelote. ✎ *Boutique 3281, Ocean Centre • plan M4.*

10 Sam's Tailor
Les portraits de clients – parmi lesquels des princes, des présidents et des pop stars – vous regardent tandis que la 3e génération des Melwani prend vos mesures pour un costume bien coupé, réalisé en deux ou trois jours. ✎ *Burlington Arcade, 94 Nathan Rd • plan N3.*

Gauche **Schnurrbart** Centre **Oyster Bar, Sheraton Hotel** Droite **Morton's of Chicago**

TOP 10 Bars

Aqua Spirit
Confortablement assis dans une alcôve face à la fenêtre, contemplez le port s'éclairant, une coupe de champagne à la main. ◎ *29e étage, 1 Peking Rd • plan M4.*

The Lobby Lounge
C'est, sans conteste, du lobby de l'Intercontinental que vous aurez la plus belle vue sur le port de Hong Kong. Elle vaut bien le prix des boissons. ◎ *18 Salisbury Rd • plan N4.*

Mes Amis
Apprécié des étrangers comme des Hong-Kongais grâce à sa belle liste de vins servis au verre et à ses nombreux cocktails. Le mercredi, soirée pour les femmes. ◎ *Rez-de-chaussée, 15 Ashley Rd • plan N4.*

The Bar
Ce lieu huppé est idéal pour fuir la foule, mais il est aussi réservé aux portefeuilles bien garnis. ◎ *1er étage, The Peninsula • plan N4.*

Biergarten
Malgré le nom, ne vous attendez pas à un jardin. En revanche, vous serez accueilli très aimablement avec de la bière à la pression à gogo et un menu allemand. Ouvert jusqu'à 2 h du matin. ◎ *5 Hanoi Rd • plan N3.*

Schnurrbart
Les charmes d'une brasserie allemande, à condition de ne pas être pressé. Et pourquoi pas un schnaps en attendant sa bière ? ◎ *9 Prat Ave • plan N3.*

Balalaika
Vodka glacée servie dans une salle à la température en dessous de 0° C. Manteau de fourrure prêté à l'entrée *(p. 87).*

Bahama Mama's
Bien qu'un peu vieillot, Bahama Mama's est toujours le meilleur bar de la très branchée Knutsford Terrace. Musique éclectique, baby-foot, planches de surf et boissons alcoolisées. ◎ *4-5 Knutsford Terrace • plan N3.*

Sky Lounge
Ce bar au sommet du Sheraton est le lieu idéal pour apprécier les jeux de lumière sur le port, tout en sirotant un cocktail. ◎ *Sheraton Hotel, 20 Nathan Rd • plan N4.*

Ned Kelly's Last Stand
Un dinosaure, comme son orchestre de jazz. Vous taperez des pieds sur des rythmes enlevés, joués par des musiciens grisonnants et grognons. ◎ *11A Ashley Rd • plan N3.*

Gaylord

🔟 Restaurants

Oyster and Wine Bar
Pour la vue, sublime, et la fraîcheur de ses huîtres qui frémissent sous le citron. ◈ *18e étage, Sheraton Hotel, 20 Nathan Rd • plan N4 • 2369 1111 • $$$.*

Felix
Cuisine fantastique, vue à couper le souffle, clientèle haut de gamme, et, pour les hommes, la cerise sur le gâteau : les toilettes conçues par Philippe Starck, joyeusement osées – ou comment se soulager devant un mur de verre dominant la baie ! ◈ *28e étage, The Peninsula • plan N4 • 2369 4111 poste 6361 • $$$$$.*

Morton's of Chicago
Le paradis des carnivores. Énormes pavés de bœuf cuits à la perfection. ◈ *4e étage, Sheraton Hotel • plan N4 • 2734 2343 • $$.*

Dynasty
La cuisine cantonaise à son sommet. ◈ *4e étage, New World Renaissance Hotel, 22 Salisbury Rd • plan N4 • 2734 6600 • $$.*

Balalaika
Décor plus rustique que russe. Essayez les pirojkis, le bortsch ou une rasade de vodka glacée. ◈ *2e étage, 10 Knutsford Terrace • plan N3 • 2312 6222 • $$.*

Gaddi's
Clientèle célèbre, cuisine française et service irréprochable. Considéré à juste titre comme l'un des meilleurs restaurants d'Asie. ◈ *1er étage, The Peninsula • plan N4 • 2315 3171 • $$$$$.*

Delaney's
Douillet et tamisé. Un menu irlandais raisonnablement authentique, et un bon choix de bières à la pression et de whiskies. ◈ *Sous-sol, 71-77 Peking Rd • plan N4 • 2301 3980 • $$.*

Gaylord
Existe depuis plus de trente ans. Pour de délicieux currys sur fond de musique indienne *live*. ◈ *1er étage, Ashley Centre, 23-25 Ashley Rd • plan N3 • 2376 1001 • $$.*

Spoon
Un autre restaurant exceptionnel d'Alain Ducasse. Même les 550 cuillères en verre de Venise suspendues au plafond ne détourneront pas votre attention de la meilleure cuisine française de la ville. ◈ *Hôtel InterContinental, 18 Salisbury Rd • plan N4 • 2313 2323 • $$$$.*

Hutong
Cuisine nouvelle du Nord de la Chine, en haut d'une tour. ◈ *28e étage, 1 Peking Rd • plan M4 • 3428 8342 • $$$.*

Gauche **Front de mer, Kowloon** Centre **Étal, Reclamation Street** Droite **Amoureux des oiseaux**

Kowloon – Yau Ma Tei, Mong Kok et Prince Edward

*Y*au Ma Tei et Mong Kok, quartiers populaires au réalisme cru et fascinant, avec leur succession de bars à karaoké, de lieux douteux et de marchés de rue, forment un contraste grisant avec le luxe des immeubles de Prince Edward. Le cœur émotionnel de la ville bat dans ces artères trépidantes, où chaque bout de trottoir témoigne d'une merveilleuse effervescence. Rural il y a peu de temps encore, ce quartier est devenu un véritable ghetto cantonais. Incontournable pour ses magasins – les meilleurs de Hong Kong –, ses restaurants authentiques et sa sensualité inoubliable.

☒◯ Les sites

1. Jardin aux oiseaux
2. Marché aux fleurs
3. Temple de Tin Hau
4. Marché de nuit de Temple Street
5. Jade Market
6. Ladies Market
7. West Kowloon Reclamation
8. Boundary Street
9. Shanghai Street
10. Reclamation Street Market

Détail de façade, Temple de Tin Hau

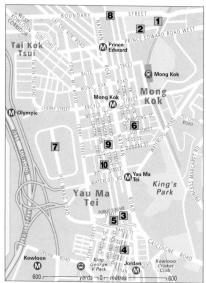

Temple Street

Jardin aux oiseaux

Jardin aux oiseaux

C'est ici, dans cet endroit exquis, que les vieux Hong-Kongais viennent promener leurs oiseaux et écouter leur chant. Moineaux et pinsons sont en vente au marché, où l'on peut les entendre siffler dans leurs superbes cages ouvragées. Ils sont nourris de sauterelles vivantes, qu'on leur donne à l'aide de baguettes à travers les barreaux. 🔊 Yum Po St.

Marché aux fleurs

Situé près du Jardin aux oiseaux, le marché aux fleurs se visite de préférence le matin, lorsqu'il éclate de mille couleurs. Tout au long de Flower Market Road, étals et boutiques disparaissent sous les fleurs exotiques. Cette vision chatoyante est propre à exciter l'œil des photographes. Animé toute l'année ; un *must* au moment du nouvel an chinois (p. 36). 🔊 Flower Market Rd.

Temple de Tin Hau

Sans être le plus ancien ni le plus beau de Hong Kong, le temple de Tin Hau, à Yau Ma Tei, possède malgré tout une certaine élégance. Il est divisé en trois sections, dont une seulement est dédiée à Tin Hau, déesse de la Mer et divinité favorite des Hong-Kongais. Les deux autres parties sont dédiées à Shing Wong, dieu de la Ville, et To Tei, dieu de la Terre. Officiellement, les photos sont interdites partout à l'intérieur. Les anglophones pourront aller se faire prédire l'avenir au fond du temple, lieu de rassemblement des diseurs de bonne aventure. 🔊 Plan M1 • t.l.j. 8h-17h.

Marché de nuit de Temple Street

Aussi fascinant pour le spectacle que pour le shopping. Animation garantie et multitude de stands (p. 18-19).

Gauche **Marché aux fleurs** Droite **Temple de Tin Hau**

 Marchés hong-kongais **p. 38-39**

Gauche **Ruelle paisible près du temple de Tin Hau** Centre **Jade** Droite **Shanghai Street**

Marché du jade

Même si vous n'avez pas l'intention d'acheter du jade, allez faire un tour sur ce petit marché couvert où vous découvrirez, sur des dizaines de stands, une profusion de bijoux, de statuettes d'animaux (dont beaucoup représentent les signes du zodiaque chinois) et de perles. Les bonnes affaires sont rares, surtout pour les profanes ; en revanche, beaucoup de babioles abordables. ✎ *Kansu St • plan M1.*

Ladies Market

Un nom aujourd'hui usurpé, car, si on y trouve encore beaucoup d'articles pour femmes, le choix s'est élargi. Le marché s'étend sur trois rues parallèles : Fa Yuen Street, royaume des magasins de sport ; Tung Choi Street et Sa Yeung Choi Street, spécialisées dans les produits électroniques de grande consommation. Prix raisonnables sur le marché et plus intéressants dans les boutiques que sur l'île de Hong Kong. Noir de monde, ce marché devient très vite fatigant quand il fait chaud. ✎ *Plan E4.*

West Kowloon Reclamation

Mieux vaut éviter de parcourir le quartier à pied. Ce bout de terre de West Kowloon, récupéré sur la mer, n'est qu'un enchevêtrement de routes et de chantiers. C'est aussi le site du futur International Commerce Centre, dont l'achèvement est prévu en 2010. Cette tour de 484 m de haut sera le plus haut bâtiment de Hong Kong et abritera deux hôtels six-étoiles, des bureaux et l'Elements Hall, déjà ouvert. ✎ *Plan L1-3.*

Boundary Street

L'artère rectiligne qui marquait la frontière entre Hong Kong et la Chine, entre 1860 et 1898, est toujours imprégnée d'un parfum d'histoire. Lorsqu'ils reçurent des Chinois le sud de la péninsule de Kowloon (soi-disant à perpétuité), les Anglais

Les triades

C'est au cœur du quartier surpeuplé de Mong Kok que vivent les triades de Hong Kong. Leur origine remonte au XVIIe s., en Chine, lorsque ces sociétés secrètes voulurent réhabiliter la dynastie Ming après l'irruption des Mandchous. Malgré une image romantique dans la littérature et au cinéma, elles sont aujourd'hui synonymes de « mafia » et de « meurtres ». Mais visitez sans crainte ce quartier fascinant : les touristes n'y sont jamais visés !

réclamèrent rapidement davantage d'espace, destiné au commerce et aux camps d'entraînement de l'armée, et à pallier les pénuries d'eau et la menace de bombardements (après l'invention de nouveaux armements de longue portée). En 1898, la frontière engloba les Nouveaux Territoires pour, cette fois, un bail de 99 ans (p. 30). ◈ Plan E4.

9 Shanghai Street

Autour de Shanghai et de Reclamation Streets, un quartier chinois traditionnel, moins animé et plus pauvre qu'il y a quelques années, offre des recoins et magasins à ne pas manquer : salons funéraires, herboristeries, boutiques diététiques de thé ou de cerfs-volants en papier. ◈ Au 21 Ning Po Street, vente de serpents en bocaux • plan E4.

10 Reclamation Street Market

Un lieu idéal pour tous ceux qui n'ont pas encore vu un vrai marché chinois en pleine activité. Principalement constitué de stands de fruits et légumes colorés, il comblera tous les photographes. En revanche, nous ne saurions trop conseiller aux âmes sensibles d'éviter de se rendre à l'intérieur du marché municipal : le bétail y est abattu et éviscéré habilement sur place. ◈ Plan E4.

Magasin d'ustensiles de cuisine, Shanghai St

Promenade dans la péninsule

🕐 Le matin

🕐 Prenez le MTR pour Prince Edward, au nord de Kowloon, près de l'ancienne frontière avec la Chine, à **Boundary Street**, empruntez la sortie B2 puis dirigez-vous vers le **Jardin aux oiseaux** en passant par **Flower Market Road** et ses fleuristes (p. 89). En haut de Tung Choi Street, vente de myriades de poissons rouges auxquels les Chinois vouent un amour immodéré.

En vous dirigeant vers le sud, sous Argyle Street et à l'est de Nathan Road, vous trouverez des dizaines de marchands et de magasins bon marché. Et des armées de piétons : à cet endroit de la péninsule, on compte 150 000 âmes au kilomètre carré.

Traversez ensuite Nathan Road et rejoignez le **marché de jade** où vous pourrez acheter bijoux, figurines, etc. Pour avoir du choix, arrivez avant l'heure du déjeuner, car ensuite beaucoup de vendeurs quittent les lieux.

L'après-midi

Faites une halte en face, dans le petit square, et asseyez-vous en compagnie de vieux Hong-Kongais, ou pénétrez dans le **temple de Tin Hau** (p. 89). Allez ensuite vous restaurer dans les cantines couvertes, au coin de Pak Choi Street et Temple Street. Plats chinois rapides et bon marché.

Enfin, explorez les étals de Reclamation Street et de l'ancien quartier chinois autour de Shanghai Street.

Gauche **Chan Chi Kee Cutlery** Droite **Sasa Cosmetics, Nathan Road**

10 Boutiques originales

King Wah Building
Centre commercial tranquille. Vêtements originaux, accessoires, sacs à main, montres, mais aussi jeans *vintage*, raretés des années 1970-1980, et profusion d'articles inspirés de dessins animés japonais. ✎ *628 Nathan Rd.*

IT
Chic et minimaliste. Vêtements et accessoires aux lignes élégantes, américains ou japonais. ✎ *2e étage, IN's Square, 26 Sai Yeung Choi St.*

Izzue
Les jeunes branchés y trouvent généralement la tenue de leurs rêves pour aller faire la fête. ✎ *1er étage, IN's Square, 26 Sai Yeung Choi St.*

Sony Pro Shops
Sony Vaio, Playstation Pro Shops, Walkman : les meilleurs de Sim City pour les dernières créations vidéo et audio. ✎ *Sim City, Chung Kiu Commercial Building, 47-51 Shan Tung St.*

Mongkok Computer Centre
Moins de bonnes affaires qu'à Sham Shui Po pour le matériel *hardware* et *software,* mais une bonne sélection de jeux et accessoires. ✎ *8A Nelson St.*

Sasa Cosmetics
Magasin d'usine d'une grande chaîne hong-kongaise. Bien situé, il offre une profusion de produits de beauté à des prix très avantageux. ✎ *G1-G5, rez-de-chaussée, Hollywood Plaza, 610 Nathan Rd.*

Ban Fan Floriculture
Les vases en porcelaine ou en céramique et les paniers en osier ne sont peut-être pas du dernier chic, mais le choix est impressionnant et les prix raisonnables. ✎ *28 Flower Market Rd.*

Chan Chi Kee Cutlery
Woks, cuiseurs vapeur, quasiment tout ce dont on peut rêver pour équiper sa cuisine. La qualité à prix modiques. ✎ *316-318 Shanghai St.*

Sandy Chung
Vous y trouverez un grand choix d'articles fabriqués en jade : des perles, des boutons et des bijoux de toutes sortes. Allez-y entre 11 h et 16 h. ✎ *Jade Market, stand 413-414, Kansu St.*

Fa Yuen Commercial Building
Les amateurs d'audio-visuel dénicheront ici les derniers accessoires à des prix compétitifs. ✎ *75-77 Fa Yuen St.*

Catégories de prix

Prix moyen pour une personne, comprenant trois plats et une demi-bouteille de vin (ou repas équivalent), service inclus.	**$** moins de 100 HK$
	**$$** de 100 à 250 HK$
	**$$$** de 250 à 450 HK$
	**$$$$** de 450 à 600 HK$
	**$$$$$** plus de 600 HK$

Gauche **Saint's Alp Teahouse** Droite **The Lobby Lounge**

Restaurants chinois bon marché

Tak Fook Heen
Cuisine cantonaise correcte ; bons *dim sum* pas chers, au contraire des boissons. ⊗ *Sous-sol, hôtel Stanford, 118 Soy St • 2710 4213 • $$*

Tai Ping Koon
Version locale de la cuisine occidentale dans un établissement d'une chaîne plus que centenaire. Essayez le « Swis », un poulet à la sauce sucrée. ⊗ *19-21 Mau Lam St • 2384 3385 • $.*

Mui Chai Kee
Bonne adresse : classique – thé, gelée aux fruits, petits pains à la pâte de lotus – ou plus exotique – nids d'oiseaux, tartes aux œufs ou oviductes de grenouille bouillis au lait de coco. ⊗ *Rez-de-chaussée, 120 Parkes St • plan N2 • 2388 8468 • pas de cartes de paiement • $.*

Peking Restaurant
Charmant vieux restaurant. Spécialité : le canard laqué, mais aussi le riz frit au jambon et petits pois, spécialité de Yangzhou. ⊗ *1er étage, 227 Nathan Rd • plan N2 • 2735 1315 • pas de cartes de paiement • $$.*

Saint's Alp Teahouse
Maison de thé moderne de style taïwanais, filiale d'une chaîne. En-cas originaux et boissons à base de thé étonnantes. ⊗ *61a Shantung St • 2782 1438 • pas de cartes de paiement • $.*

Ming Ya Fe
Essentiellement des spécialités de Shanghai, mais aussi du Sichuan et de Canton, servies dans un cadre moderne au sommet du Langham Place Mall. ⊗ *13e étage, Langham Place, Shanghai St • plan E4 • 2782 2200 • $$.*

Ah Long Pakistan Halal Food
Environnement tristounet, mais excellents currys épicés. ⊗ *Rez-de-chaussée, Tak Lee Building, 95B Woosung St • plan N2 • 2782 1635 • pas de cartes de paiement • $.*

Fairwood
Chaîne de fast-foods chinoise. Points pour écouter des CD et accès Internet. ⊗ *Sous-sol, King Wah Centre, 620-628 Nathan Rd • 2302 1003 • pas de cartes de paiement • $$.*

The Lobby Lounge
Pour son atrium en verre, sa terrasse paisible, son café excellent et ses menus autour du thé. ⊗ *4e étage, hôtel Eaton, 380 Nathan Rd • plan N1 • 2710 1863 • $$.*

Light Vegetarian
Plats végétariens courants. Le point fort : un buffet copieux à l'heure du déjeuner, comprenant thé et desserts. ⊗ *13 Jordan Rd • plan N2 • 2384 2833 • pas de cartes de paiement • $.*

Sauf indication contraire, tous les restaurants acceptent les cartes de paiement.

Gauche **Bâtons d'encens d'un temple** Droite **Lion Rock**

Le nouveau Kowloon

*L*oin d'être abandonné, l'ancien aéroport de Kai Tak abrite aujourd'hui le plus grand practice de golf du monde. Tout autour, les rues regorgent d'excellents restaurants bon marché et de magasins de second choix – cibles privilégiées des Hong-Kongais. Au nord, la culture traditionnelle est présente avec le remarquable couvent de Chi Lin, bâti selon le style architectural de la dynastie Tang, et le temple animé de Wong Tai Sin.

Les sites du nouveau Kowloon

1 Temple de Wong Tai Sin
2 Lion Rock
3 Walled City Park de Kowloon
4 Oriental Golf City
5 Couvent de Chi Lin
6 Lei Yue Mun
7 Temple de Fat Jong
8 Tombe de Lei Chung Uk
9 Temple de Hau Wong
10 Apliu Street

Walled City Park de Kowloon

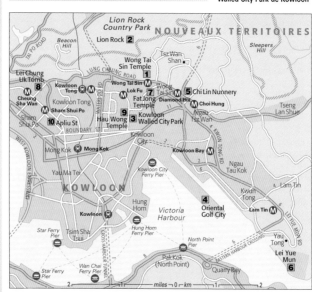

Gauche **Volutes de fumée des offrandes** Droite **Temple de Wong Tai Sin**

Temple de Wong Tai Sin

Bruyant, chatoyant et saturé de volutes d'encens, Wong Tai Sin ouvrit ses portes en 1921, après qu'un moine taoïste eut apporté à Hong Kong un portrait sacré de Wong Tai Sin (ou Huang Chuping, né vers 328 apr. J.-C. dans la province de Zheijang et qui, selon la légende, prédisait l'avenir et réalisait les vœux). Parmi la foule de fidèles des trois principales religions chinoises – taoïsme, bouddhisme et confucianisme – se presse une centaine de « devins » ; à vous de découvrir si leurs prédictions sont aussi pointues que celles de Huang. Derrière le temple, dont l'architecture puissante et stylisée forme un contraste saisissant avec les gratte-ciel environnants, une tombe ancienne demeure un mystère pour les historiens. ✪ Plan N4 • ouv. 7h-17h30.

Lion Rock

Pour jouir de la meilleure vue sur cette fascinante excroissance naturelle, placez-vous à l'extérieur du temple de Wong Tai Sin, dans la partie découverte proche des échoppes des « devins » : de là, la montagne ressemble à une tête de lion mâle grisonnant. Pour ceux qui seraient tentés d'en entreprendre l'ascension, l'arrivée est pentue (cœurs fragiles s'abstenir) et l'eau indispensable. ✪ Plan E4.

Walled City Park de Kowloon

L'un des plus beaux parcs de Hong Kong. À l'origine, en 1847, le fort qui se dressait sur les lieux fut laissé sous contrôle chinois suite à une erreur des Britanniques après la signature du bail des Nouveaux Territoires. Détruit pendant la Seconde Guerre mondiale, il a vu surgir de ses cendres un labyrinthe étrange, Walled City – ghetto qui attira rapidement triades, dealers, toxicomanes, pornographes et rats énormes p. 96). Sa démolition date de 1992. À l'entrée du parc actuel, un hospice abrite une exposition de photos relatant son histoire. • Plan E4.

Labyrinthe, Walled City Park de Kowloon

Oriental Golf City

Réputé pour être le plus grand practice du monde avec 200 tapis. Profitez-en car, à moins d'être fortuné ou d'avoir des relations, ce golf est probablement le seul que vous verrez à Hong Kong. ✪ Kai Tak Runway, Kai Fuk Rd • plan E4 • 2522 2111 • ouv. 7h-24h • EP.

Couvent de Chi Lin

Couvent de Chi Lin

5 On dit qu'aucun clou ne fut nécessaire à l'édification de cette réplique sublime d'un lieu de culte traditionnel de la dynastie Tang (618-907 apr. J.-C.). Financé par de riches donateurs et ouvert en 2000, il permet d'admirer l'ingéniosité architecturale de l'Empire du Milieu – fait rarissime quand on sait que la plupart des sites anciens de l'intérieur des terres n'ont pas survécu à la Révolution culturelle de 1960. À voir pour ses impressionnantes statues du Bouddha Sakyamuni, ses jardins, ses fontaines, et les mélopées envoûtantes de ses nonnes.
Chi Lin Drive, Diamond Hill • plan F4 • ouv. jeu.-mar. 9h-15h30 • EG.

Lei Yue Mun

6 Ancien village de pêcheurs, *Lei Yue Mun* signifie « porte des Carpes », mais les seuls poissons que vous apercevrez sont ceux des restaurants du front de mer. Bien que ce lieu soit l'endroit le

Les pires conditions du monde

Plus de 50 000 âmes vécurent dans la Walled City de Kowloon *(p. 95)*. Ici, crimes et maladies se substituaient aux impôts et aux lois. Dans les années 1950, quand les triades s'y installèrent, beaucoup de sang coula dans les ruelles étroites de ce ghetto, qui, jusqu'en 1992, demeura l'un des seuls lieux de Hong Kong où l'on voyait encore des opiomanes étendus sur leur couche.

plus proche de l'île de Hong Kong, ne tentez pas la traversée à la nage – si vous surviviez à la pollution, vous ne résisteriez pas aux courants. *Plan F5.*

Temple de Fat Jong

7 Bien que ce soit l'un des sites bouddhistes les plus célèbres de Hong Kong, le temple de Fat Jong est peu visité par les étrangers. Pourtant la visite vaut la peine pour ses étonnantes associations de couleurs – colonnes rouges se

Gauche **Complexe du couvent de Chi Lin** Droite **Marché aux poissons de Lei Yue Mun**

détachant sur les murs jaunes –, ses décorations ornées et ses splendides sculptures de Bouddha. Malgré l'affluence, il garde une atmosphère paisible. ❧ *175 Shatin Pass Rd, Won Tai Sin • plan E4 • ouv. t.l.j. sauf lun. 10h-18h30.*

Tombe de Lei Chung Uk
Vous l'apercevrez à peine à travers le Plexiglas rayé, mais sachez que la tombe des Han (24-220 apr. J.-C.) est l'un des plus anciens monuments de Hong Kong. ❧ *41 Tonkin St, Sham Shui Po • plan E4 • ouv. t.l.j. sauf lun. 10h-13h, 14h-18h • EG.*

Temple de Hau Wong
Mérite une visite si vous vous trouvez dans les environs. Un temple charmant et minuscule, construit en 1737 en hommage au plus fidèle conseiller de l'empereur-enfant exilé, Ping. Assez calme, sauf pendant les fêtes. ❧ *Junction Rd • plan E4 • ouv. t.l.j. 8h-17h.*

Apliu Street
Pour avoir l'impression d'être sur une autre planète – au cœur de la vie du vrai Hong Kong. Sur cet important marché de rue, toutes sortes de bricoles, d'articles piratés, sans doute la plus grande collection d'articles électriques de seconde main au monde, mais beaucoup de camelote, à part quelques vieilles radios et platines. ❧ *Plan E4.*

Apliu Street

Un après-midi de promenade

Après le déjeuner

🕐 Prenez le MTR pour **Wong Tai Sin** *(p. 95)* et sa foule de fervents fidèles. Certains diseurs de bonne aventure parlent anglais. N'hésitez pas à discuter leurs prix (jusqu'à moins 25 ou 30 %). Certains utilisent des bâtons numérotés, d'autres des bouts de bois recourbés connus sous le nom de « lèvres de Bouddha ».

Les courageux pourront tenter l'ascension du **Lion Rock** *(p. 95)*, pénible mais somptueuse, ses pentes raides étant réservées aux cœurs solides. Emportez beaucoup d'eau les jours de canicule.

À seulement 10 min en taxi, le **Walled City Park** *(p. 95)* de Kowloon est le plus joli des parcs de la ville. Ce vaste espace vert compte huit types de jardins différents.

En fin d'après-midi

Si vous avez faim, prenez un taxi jusqu'aux restaurants de crustacés du front de mer, à **Lei Yue Mun** *(p. 96)*, et regardez le soleil couchant enflammer les gratte-ciel du port de reflets rose orangé, tout en dégustant des crabes et des crevettes arrosés de vin ou d'une bonne Tsing Tao glacée.

Avec ses deux énormes lions de pierre gardant l'entrée, le **Kong Lung Seafood** *(p. 99)* est difficile à éviter. Vous pourrez vous régaler de délicieux fruits de mer, tels que crabes rôtis ou encore ormeaux à la vapeur dans une croûte à l'orange.

Visiter Kowloon – Le nouveau Kowloon

Gauche **Dragon Centre** Centre **Page One** Droite **Centre commercial Festival Walk**

Boutiques

1 Golden Shopping Centre
Matériel informatique bon marché et grand choix de DVD et vidéos dans les boutiques voisines. Nombreux enregistrements piratés de mauvaise qualité. 🕲 *94A Yen Chow St, Sham Sgui Po • plan E4.*

2 Dragon Centre
Envol de baies vitrées dans la saleté et la poussière de Sham Shui Pa. Alimentation et matériel informatique notamment. 🕲 *37K Yen Chow St, angle de Cheung Sha Wan Rd, Sham Shui Po • plan E4.*

3 Log-On
Le département « maison » de City Super, chaîne de supermarchés sélects dont le meilleur rayon, The Gadget, propose une profusion d'articles superbes pour décorateurs avertis. 🕲 *Boutique UG01, Festival Walk, 80 Tat Chee Ave, Kowloon Tong • plan E4.*

4 Yuet Chung China Works
C'est l'endroit pour dénicher la porcelaine que vous cherchiez : vaisselle, objets décoratifs, articles personnalisés. Une commande prend quatre semaines, mais l'envoi à domicile est possible. 🕲 *3e étage, Kowloon Bay Industrial Center, 15 Wang Hoi Rd, Kowloon Bay • plan F4.*

5 Lancôme
Que choisir : le bilan dermatologique, la consultation VIP de 45 min ou le soin facial de 1 h en cabine privée ? 🕲 *Boutique G18, Festival Walk, Kowloon Tong • plan E4 • 2265 8665.*

6 Page One
Immense librairie de la grande chaîne hong-kongaise, où les livres sont exposés côté couverture – excellente idée pour éviter les torticolis. Café agréable. 🕲 *Boutique LG1-30, Festival Walk, Kowloon Tong • plan E4.*

7 Yu Chau Street et Nam Cheong Street
Les petites boutiques qui bordent ces deux rues proposent un choix immense de dentelles, fermetures éclair, rubans, perles et boutons – vous n'auriez jamais pensé qu'un tel choix pouvait exister ! 🕲 *Plan E4.*

8 Crabtree and Evelyn
Encore des douceurs parfumées pour prendre soin de vous. À peine le seuil de la porte franchi, des effluves enivrants de pot-pourri à la lavande vous assaillent. 🕲 *Boutique UG17, Festival Walk, Kowloon Tong • plan E4.*

9 Bang & Olufsen
Pour craquer devant les modèles sophistiqués et le son cristallin de l'un des noms les plus prestigieux du son. 🕲 *Boutique LG1-10, Festival Walk, Kowloon Tong • plan E4.*

10 Artemis
Légion de chaussures, surtout de la marque éponyme. 🕲 *Boutique 229, niveau 2, Plaza Hollywood, Diamond Hill • plan E4.*

Catégories de prix

Prix moyen pour une	$ moins de 100 HK$
personne, comprenant	$$ de 100 à 250 HK$
trois plats et une demi-	$$$ de 250 à 450 HK$
bouteille de vin (ou repas	$$$$ de 450 à 600 HK$
équivalent), service inclus.	$$$$$ plus de 600 HK$

Amaroni's Little Italy

🔟 Bars et restaurants

Combo Thai
Kowloon est célèbre pour sa cuisine thaïe, bonne et peu chère. Pour apaiser le feu d'une salade au bœuf, la bière est idéale ! ◈ *25 Nga Tsin Long Rd, Kowloon • plan E4 • 2716 7318 • $$.*

Caffe'Cova
Une authentique pâtisserie italienne : la première boutique a été créée en 1817 à Milan, et la recette du *panettone* n'a jamais changé. ◈ *1-11 Festival Walk, Kowloon Tong • plan E4 • 2265 8678 • $$.*

Exp
Les amateurs de nourriture saine seront heureux de trouver là des mélanges inattendus : les nouilles – dont la réputation n'est plus à faire – sont agrémentées, par exemple, de pamplemousse. ◈ *Boutique UG23, Festival Walk, Kowloon Tong • plan E4 • 2265 8298 • $$.*

Chong Fat Chiu Chow Restaurant
Si vous voulez découvrir la cuisine Chiu Chow traditionnelle, à base de fruits de mer, optez pour ce restaurant. Essayez le crabe, mais aussi les plats à base d'oie. ◈ *60-62 South Wall Rd, Kowloon City • plan E4 • 2383 3114 • $$.*

Wing Lai Yue Sichuan Noodles
Cuisine du Sichuan dans un décor quelconque. Les nouilles *dan dan* sont délicieuses. ◈ *1er étage, Whampoa Gourmet Place, Screen World (site 8) 102-103, 105 • plan E4 • 2320 6430 • $$.*

Amaroni's Little Italy
Les Hong-Kongais, fans des restaurants italiens, ont adopté ces lieux à l'ambiance décontractée. ◈ *Boutique LG1-32, Festival Walk, Kowloon Tong • plan E4 • 2265 8818 • $$.*

Tso Choi
La vraie cuisine hong-kongaise, si vous êtes prêt à tester, par exemple, les intestins de porc sautés ou la cervelle de porc frite. ◈ *17-19A Nga Tsin Wai Rd, Kowloon • plan E4 • 2383 717 • pas de cartes de paiement • $.*

Festive China
On se demande où a lieu la fête, mais l'intérieur est chic et la cuisine, tendance Chine du Nord, de bonne qualité. ◈ *Boutique LG-1, Festival Walk, Kowloon Tong • plan E4 • 2180 8908 • $$.*

House of Canton
Toute la gamme de la cuisine cantonaise, des ailerons de requin aux ormeaux, ainsi qu'une impressionnante gamme de *dim sum* . ◈ *240 Festival Wall, Kowloon Tong • plan E4 • 2265 7888 • $$.*

Kong Lung Seafood
Vous ne pouvez pas le manquer : deux énormes lions en pierre montent la garde devant l'entrée. Excellents crabes rôtis et ormeaux vapeur en croûte à l'orange. ◈ *62 Hoi Pong Rd West, Lei Yue Mun • plan F4 • 2775 1552 • $$$.*

Gauche **Monastère des Dix Mille Bouddhas** Centre **Railway Museum** Droite **Pont Lek Yuen**

Les Nouveaux Territoires

U n nom évocateur de pays frontalier. Au temps des colonies, c'est ici que les sahib en casque colonial organisaient des chasses au tigre, des tournois de tennis, ou écrivaient leurs mémoires. Aujourd'hui, les Nouveaux Territoires, ou NT, comme les appelle la population locale, ont disparu sous le béton, et plus d'un tiers des Hong-Kongais y vivent dans des villes-dortoirs. Il faut monter vers le nord pour retrouver la nature et ses grands espaces, avec les marais de Mai Po, les villages et les temples centenaires, avant d'atteindre, à l'extrême nord, la frontière avec la mère patrie, la Chine.

🔟 Les sites des NT

1. Monastère des Dix Mille Bouddhas
2. Courses de Sha Tin
3. Amah Rock
4. Hong Kong Railway Museum
5. Ching Chung Koon

6. Kadoorie Farm
7. Heritage Museum
8. Yuen Yuen Institute
9. Temple de Tin Hau
10. Monastère de Castle Peak

Gauche **Amah Rock** Centre **Turfiste, Sha Tin** Droite **Pagode, monastère des Dix Mille Bouddhas**

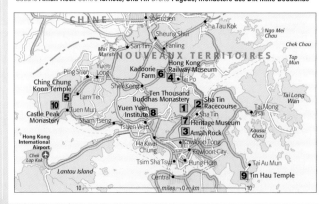

Les Dix Mille Bouddhas

week-end, entre septembre et juin. Le champ de courses a été réaménagé pour les Jeux olympiques de 2008 afin d'accueillir les épreuves de saut et de dressage. ✎ *Plan F3 • Sha Tin MTR • Come Horseracing Tour • 2723 1808 ou 2368 7111 • enfants non acceptés • EP.*

Monastère des Dix Mille Bouddhas

Les bouddhas reposent sur les étagères de la salle principale du sanctuaire de Pai Tau Tsuen, dans les collines de Sha Tin. Il s'agit en réalité de 13 000 images de Bouddha. Avant d'arriver sur le site composé de cinq temples, deux pavillons et une élégante pagode de neuf étages, respirez profondément car 400 marches vous y attendent. ✎ *Plan E3 • East Rail Line jusqu'à Tai Wai, prendre la sortie nord et suivre les indications • ouv. 9h-17h • EG.*

Courses de Sha Tin

Si le plus célèbre hippodrome de Hong Kong se trouve à Happy Valley *(p. 12-13)*, la folie des courses qui anime la population locale a entraîné la construction d'un second temple hippique dans les NT. Un coût de près de 400 millions d'euros, une renommée mondiale, une capacité d'accueil de 85 000 turfistes misant des sommes astronomiques le

Amah Rock

Sous un certain angle, ce rocher étrange, situé près de Lion Rock Tunnel, ressemble à une femme portant un enfant sur le dos – d'où son nom. Selon la légende, le mari d'Amah partit chercher du travail par-delà les mers ; alors qu'elle attendait patiemment son retour, le bateau coula dans une tempête ; la douleur la transforma en pierre. Pour d'autres, le rocher aurait une forme phallique. ✎ *Plan E4 • East Rail Line jusqu'à Tai Wai.*

Hong Kong Railway Museum

Ce musée n'est pas l'un des meilleurs de Hong Kong, mais les amoureux des chemins de fer l'apprécieront. Vieux wagons dans l'ancienne gare de Tai Po Market, construite en 1913. À l'intérieur, histoire d'une ville sans histoires. ✎ *13 Shunk Tak St, Tai Po Market, Tai Po • plan E2 • East Rail Line jusqu'à Tai Po Market, puis minibus 25K • 2653 3455 • ouv. 9h-17h ; ferm. mar. • EG.*

Gauche **Champ de courses de Sha Tin** Droite **Hong Kong Railway Museum**

Gauche **Rituel, Yuen Yuen Institute** Droite **Marais de Mai Po**

Ching Chung Koon

Son nom signifie « pin toujours vert », symbole de longévité et de persévérance. Œuvre de la secte taoïste Koon, qui a construit sa première structure en 1961 (le Palace of Pure Brightness), ce temple est aujourd'hui composé de pagodes, de pavillons et de jardins chinois zen. Cuisine végétarienne et collection de bonsaïs. ◈ *Tsing Chung Path, Tuen Mun • plan C3 • LRT 615 ou 615P depuis Tsing Wan jusqu'à Chung Tsing • ouv. t.l.j. 7h-18h • EG.*

Kadoorie Farm

Fondés par lord Lawrence et sir Horace Kadoorie en 1951 pour fournir du travail à 300 000 réfugiés démunis, la ferme et le jardin botanique sont aujourd'hui des centres de protection de l'environnement. Réservation indispensable. ◈ *Lam Kam Rd, Tai Po • plan E2 • bus 64K, 65K ou minibus 25K depuis la station de l'East Rail Line • 2483 7200 • ouv. lun.-sam. 9h30-17h • EG.*

Heritage Museum

Sauvons le sanctuaire

Classé au Patrimoine mondial, le marais de Mai Po *(p. 44)*, qui voit s'arrêter chaque hiver plus de 60 000 oiseaux migrateurs, est le sanctuaire d'une multitude de martins-pêcheurs, de hérons, de cormorans, et l'un des derniers habitats de la petite spatule et de la mouette de Saunders, en voie d'extinction. Ce paradis des passionnés d'ornithologie s'est trouvé au centre de violents débats opposant des promoteurs en quête de nouveaux espaces et les défenseurs de l'environnement. Ces derniers ayant remporté la bataille, les plus grands dangers qui menacent aujourd'hui le marais sont la pollution et les déchets industriels des usines toutes proches de Deep Water Bay.

Heritage Museum

Le musée de Sha Tin rivalise avec le musée d'Histoire de Kowloon pour la palme du meilleur musée de Hong Kong *(p. 20-21)*.

Yuen Yuen Institute

Le bâtiment principal de ce lieu de rassemblement de fidèles bouddhistes, confucianistes et taoïstes (respectez leurs prières) est une réplique du temple du Paradis de Pékin. À l'extérieur, sur des panneaux, des prédictions révèlent le signe de l'horoscope chinois qui bénéficiera d'une année

Yuen Yuen Institute

favorable. Dans le restaurant, cuisine végétarienne correcte à prix doux. 🔍 *Plan E3 • MTR jusqu'à Tsuen Wan, puis minibus 81 • ouv. t.l.j. 9h-18h • EG.*

Temple de Tin Hau

Parmi les nombreux temples dédiés à la déesse de la Mer, le plus ancien se cache au fond de Clearway Bay. Lorsque vous descendrez ses marches dans la verdure, un silence absolu vous envahira. À l'intérieur, les cendres des spirales d'encens tombent sur les maquettes de bateaux de pêche. 🔍 *Sai Kung • plan G3 • EG.*

Monastère de Castle Peak

Une promenade de 1,5 km, depuis la gare toute proche. Difficile mais délicieusement apaisante par rapport à l'agitation perpétuelle de Hong Kong. Pour l'air (relativement) frais de la mer et les mélopées des moines. 🔍 *Plan B3 • ouv. t.l.j. 9h-17h • EG.*

Une journée dans les NT

Le matin

Prenez le MTR pour Kowloon Tong, puis l'East Rail Line. Descendez à Tai Po Market et montez dans le bus 64K ou un taxi qui vous emmènera à Fong Ma Po, site du Wishing Tree. Là, achetez une assiette en carton rouge, inscrivez-y un vœu, puis lancez-la dans l'arbre. Si elle reste accrochée, il sera exaucé. Belles photos à faire.

Reprenez l'East Rail Line et descendez à Fanling. De là, prenez le bus 54K pour Lung Yeuk Tau, point de départ du **sentier historique de Lung Yeuk Tau** *(p. 104)*. Il vous fera traverser les cinq célèbres villages fortifiés des NT, œuvres de clans anciens désirant se protéger des brigands. Cette promenade de quelques heures offre un aperçu fascinant de la vie d'autrefois dans cette contrée.

L'après-midi

Retournez en bus ou en taxi à la gare de l'East Rail Line, prenez le train jusqu'à la gare de Sha Tin, puis un taxi (la course est rapide) jusqu'au **Lung Wah Hotel** *(p. 109)*, un ancien hôtel transformé en restaurant. Sa longévité (plus de 50 ans) atteste la qualité de sa cuisine !

Si vous vous trouvez à Sha Tin le week-end entre septembre et juin, allez à l'**hippodrome** *(p. 101)* pour un après-midi de frénésie équestre.

En semaine ou en dehors de la saison des courses, allez faire du **shopping** au formidable New Town Plaza, à Sha Tin *(p. 104)*.

Gauche **Tsang Tai Uk** Centre **Restaurant de poisson, Sai Kung** Droite **Ruine, sentier de Fanling**

Villages historiques et villes nouvelles

Tsang Tai Uk
Forteresse du clan des Tsang, construite en 1848 dans le style hakka (murailles épaisses et tour de défense à chaque angle). Des douzaines de familles y vivent encore. *Plan L3.*

Tsuen Wan
Terminus de la ligne MTR, Tsuen Wan est le parfait exemple de la ville nouvelle surpeuplée. Pour la facette la plus triste de Hong Kong. *Plan D3.*

Sha Tin
Moins sinistre que Tsuen Wan, avec un gigantesque centre commercial. Site du second hippodrome de Hong Kong. *Plan E3.*

Fanling
Le château ancestral de Tang Chung Ling, à Fanling, appartenait au clan le plus important des Nouveaux Territoires. À deux pas du sentier historique de Lung Yeuk Tau. *Plan E2.*

Sheung Shui
Encore un château. Celui-ci fut la demeure d'un autre clan local influent : les Liu. De là, un trajet rapide en taxi permet de rejoindre le poste-frontière de Lok

Guerrier, Fanling

Ma Chau, où la folie architecturale de Shenzen surgit de la brume. *Plan E1.*

Sai Kung
Joli petit village de pêcheurs, refuge d'expatriés. Pubs anglais (Steamers ou The Duke of York), mais aussi minuscules cafés et leurs vieux joueurs de ma-jong. *Plan G3.*

Kam Tin
Son nom signifie « champ de brocart », mais les champs sont désormais couverts de carcasses de voitures. Villages fortifiés traditionnels à Kat Hing Wai et à Shui Tau. *Plan C3.*

Ping Kong
Ce village fortifié, situé à l'écart, est moins fréquenté que les autres. *Plan E1.*

Tap Mun Chau
Petite île pittoresque à l'atmosphère tranquille et aux jolies maisons. L'un des secrets les mieux gardés des Nouveaux Territoires. *Plan H2* • ferry 8h30-18h30.

Rivière Kam Tin

Tai Po
Sur le chemin du magnifique Plover Cove, arrêtez-vous ici pour le marché et le Railway Museum. *Plan E2.*

Gauche **Plover Cove** Droite **Village flottant de San Mun Tsai**

🔟 Splendeurs naturelles

Plover Cove
Ce n'est pas (ou plus) une anse, mais un immense réservoir né de la construction d'un barrage, à l'embouchure de la baie ; l'eau de mer a été remplacée par de l'eau douce apportée de Chine. Sentiers à parcourir à pied ou à vélo. Cartes disponibles au HKTB. ✎ *Plan F1.*

Bride's Pool
Sublimes chutes d'eau au cœur de la forêt (appareil photo et bonnes chaussures). ✎ *Plan F2.*

Tai Po Kau
Réserve forestière près de l'université chinoise. Pour les fous d'ornithologie. ✎ *Plan F2.*

San Mun Tsai
Village exquis entre baie et collines. Ne manquez pas les maisons flottantes et leurs fils électriques bricolés. ✎ *Plan F2.*

Tai Mo Shan
Signifie « haute montagne voilée par le brouillard ». En réalité, le sommet de la plus haute montagne de Hong Kong (957 m) est le plus souvent visible. Ascension difficile, mais vue magnifique à l'arrivée. ✎ *Plan D3.*

Marais de Mai Po
Situé à l'ouest des Nouveaux Territoires, ce marais est un véritable sanctuaire d'oiseaux *(p. 44).* ✎ *Plan D2.*

Clearwater Bay
Plages et nombreuses randonnées. De Tai Au Mun, vous pouvez aller à pied à Clearwater Bay Beach One et Beach Two (aux jolis noms imaginatifs) ou à Lung Ha Wan (Lobster Bay). Toutefois, chaque été, l'apparition de requins provoque la panique parmi les riverains et, récemment, on a vu des trous dans les filets. Attention donc ! ✎ *Plan G5.*

Long Ke Wan
Petit bijou d'accès difficile. Évitez de vous extasier devant le panorama pendant la descente du sentier vertigineux, sous peine de vous retrouver sur la plage beaucoup plus vite que prévu. ✎ *Plan F3.*

Tai Long Wan
La plus belle plage de Hong Kong, sur la péninsule de Sai Kung. Attention ! Avant de partir, munissez-vous d'une carte et de beaucoup d'eau *(p. 22-23).*

Ma On Shan
Le nom de cette montagne signifie « selle », en référence à sa forme *(p. 45).* ✎ *Plan F3.*

Tai Long Wan

Gauche **The Melting Pot** Droite **Universal Models**

Boutiques

1 IKEA
Même sans être fan de la célèbre marque suédoise, vous apprécierez le grand choix de produits « *made in China* ». ✎ *L3 et L5 Grand Central Plaza, 138 Sha Tin Rural Committee Rd, Sha Tin • plan E3.*

2 My Jewellery
Bijoux originaux à prix honnêtes. Jetez un œil sur les colliers pour chiens en diamants. ✎ *Boutique 15, Citylink Plaza • plan E3.*

3 Universal Models
Pour les amateurs de modèles réduits, figurines militaires, dernier Mobile Set Gundam. Autre nouveauté : un choix inquiétant de copies de fusils à plombs. ✎ *Wah Hai Industrial Centre, Sha Tin • plan E3.*

4 The Melting Pot Home Furnishings
Objets de décoration intérieure en provenance d'Asie et même au-delà. Ouvert uniquement du mardi au samedi. Téléphonez d'abord. ✎ *DD111, lot 2153 Pat Heung, Yuen Long • plan C2 • 2488 0280.*

5 Overjoy Porcelain Factory
Le lieu idéal pour choisir son service de vaisselle : on peut choisir parmi plus d'une centaine de modèles. ✎ *1er étage block B, Kwai Hing Industrial Building, Kwai Chung • plan E3 • 2487 0615.*

6 Suzuya
Marque japonaise pour adolescentes. Si vous voulez ressembler à Sailor Moon ou Hello Kitty. ✎ *Boutique 462, 4e étage, New Town Plaza, Sha Tin • plan E3.*

7 Bossini
Important établissement de la chaîne de magasins du prix cassé. Pour acheter T-shirts et chaussettes. ✎ *Boutique 318A, 3e étage, New Town Plaza, Sha Tin • plan E3.*

8 Marks & Spencer
Un de leurs plus grands magasins de Hong Kong. Chaussures, sous-vêtements, alimentation pour les Anglais nostalgiques de la mère patrie. ✎ *Boutique 329-339, 3e étage, New Town Plaza, Sha Tin • plan E3.*

9 Hang Heung Bakery
La boulangerie la plus courue de Hong Kong pour ses *wife cakes* fourrés de pâte de haricots rouges, la pâtisserie traditionnelle de tout mariage chinois. ✎ *64-66 Yuen Long Main St • plan C2.*

Enfants devant Bossini

10 Wing Wah Bakery
Le premier pourvoyeur de *moon cakes* à Hong Kong (*p. 50*). Ces gâteaux se dégustent lors de la fête de la Mi-Automne. Le jaune d'œuf au milieu représente la pleine lune, mais on peut en trouver fourrés aux fruits. ✎ *86 Yuen Long Main St • plan C2.*

Gauche **Acheteurs, New Town Plaza** Centre **Pousada** Droite **Regal Riverside Hotel**

Bars

Steamers
Le pub le plus chic de Sai Kung (anciennement Newcastle Pub) a fait l'objet d'une superbe transformation. Idéal pour les curieux. ◎ *66 Yi Chun St, Sai Kung • plan G3.*

Beach Pub
Surplombant la baie, à 10 min à pied le long du front de mer en partant de Sai Kung Town. Le week-end, musique *live* et clientèle fidèle de Chinois et d'expatriés. ◎ *Beach Resort Hotel, 1780 Tai Mong Tsai Rd, Sai Kung • plan G3.*

Railway Tavern
Près du Railway Museum de Tai Po, un endroit agréable pour se désaltérer, bienvenue après une journée à la campagne. ◎ *Chik Luk Lane, Tai Wai • plan E2.*

Poets
Ne vous laissez pas abuser par son nom : on y entend plus de discussions bruyantes sur les derniers résultats de foot que de déclamations poétiques. ◎ *Rez-de-chaussée, 55 Yi Chun St, Sai Kung • plan G3.*

The Boozer
La plupart des expatriés de Sai Kung se retrouvent autour du juke-box vidéo ou devant les programmes de sport diffusés sur des téléviseurs à écran plat, tout en dégustant des petits plats venus des restaurants alentour. ◎ *57 Yi Chun St, Sai Kung • plan G3.*

Bacco
Pour un lieu plus sophistiqué, rendez-vous chez Bacco, où vous pourrez choisir, parmi leur longue liste, un vin servi à la bouteille ou au verre. À l'étage, le restaurant indien JoJo est dirigé par la même équipe. ◎ *21 Man Nin St, Sai Kung • plan G3.*

Regal Riverside Hotel
Deux bars vous y attendent, l'un animé et dédié aux amateurs de sport, l'autre plus calme et proposant de nombreux cocktails. Parfaits après un shopping à New Town Plaza. ◎ *34-36 Tai Chung Kiu Rd, Sha Tin • plan E3.*

Corner Café
L'endroit idéal avant une randonnée autour de Sai Kung. Desserts et café délicieux vous permettront de partir d'un bon pied. ◎ *120 Man Nin St, Sai Kung • plan G3.*

Xtreme
Ce lieu branché possède des tables de billard et des téléviseurs à écran plat. Le week-end, des groupes de musique viennent jouer. Attention : le cocktail Xtreme est suffisant pour quatre ! ◎ *72 Po Tung Rd, Sai Kung • plan G3.*

Pousada
Avec sa décoration dans l'esprit d'une auberge portugaise, ce restaurant-bar apporte un air de Macao dans les Nouveaux Territoires. Vue sur la mer et terrasse pour l'apéro. ◎ *112 Pak Sha Wan, Sai Kung • plan G3.*

Gauche *Dim sum* chez **Sun Ming Yuen Seafood** Centre et droite **Balcony**

Manger sans se ruiner

1 Pepperoni's

Un des premiers restaurants orientaux corrects de Sai Kung; toujours dans la course. Ambiance détendue, portions de pizzas généreuses et excellentes, pâtes, *nachos*, calamars et bonne sélection de vins. ◈ *1592 Po Tung St, Sai Kung • plan G3 • 2792 2083 • $$.*

2 New Tak Kee Seafood Restaurant

Achetez vos fruits de mer sur le marché, en face, ou directement aux bateaux sur les quais et demandez au restaurant de les préparer à la manière cantonaise de votre choix. ◈ *55 See Cheung St, Sai Kung • plan G3 • 2792 0006 • $$.*

3 Lardos Steak House

Les steaks sont cuits à la perfection par le propriétaire qui approvisionne les meilleurs hôtels de Hong Kong en viande fraîche. ◈ *Rez-de-chaussée, 4B Hang Hau Village, Tseung Kwan O, Sai Kung • plan G3 • 2719 8168 • $$.*

4 IKEA Restaurant

Menu suédois avec des plats du jour tels que boulettes de viande, saumon fumé et nombreux choix de *cheese-cakes*. ◈ *L5 Grand Central Plaza, 138 Sha Tin Rural Committee Rd • plan F3 • 2634 1688 • $.*

5 Sun Ming Yuen Seafood

Excellents *dim sum* et autres plats chinois sans prétention servis au cœur d'un village historique. ◈ *Boutique 268, 1er étage, Fanling Centre, 33 San Wan Rd • plan D2 • 2676 1368 • $.*

6 Yau Ley

Menus à base de fruits de mer servis dans un petit restaurant niché à Sha Kiu. On peut l'atteindre en voiture, à pied, en ferry ou en bateau, jusqu'à son débarcadère privé. ◈ *Millionaire's Beach, Sha Kiu Village, Sai Kung • plan G3 • pas de cartes de paiement • 2791 1822 • www.yauleyseafood.com.hk • $$$.*

7 Balcony

Les pâtes du buffet sont très bon marché, mais le service est médiocre. ◈ *3e étage, Kowloon Panda Hotel, 3 Tsuen Wah St, Tsuen Wan • plan D3 • 2409 3226 • $-$$.*

8 Shalimar

Les currys les moins chers hors des Chungking Mansions. ◈ *127 Kwong Fuk Rd, Tai Po • plan E2 • pas de cartes de paiement • 2653 7790 • $.*

9 Honeymoon Dessert (Moon Key)

Copieux desserts traditionnels. Espace réservé aux amateurs de *durian* – à cause de l'odeur forte du fruit. Ouvert jusqu'à 2 h du matin. ◈ *10A-C P Tung Rd, Sai Kung • plan G3 • pas de cartes de paiement • 2792 4991 • $.*

10 Shaffi's Indian

Ancien chef cuisinier des troupes britanniques et des unités de Gurkhas de la caserne de Shek Kong, le patron s'est installé à Yuen Long après la rétrocession. Ses fidèles l'y ont suivi pour ses currys grandioses. ◈ *14 Fau Tsoi St, Yuen Long • plan C2 • 2476 7885 • $.*

Sauf indication contraire, tous les restaurants acceptent les cartes de paiement.

Catégories de prix

Prix moyen pour une	**$** moins de 100 HK$
personne, comprenant	**$$** de 100 à 250 HK$
trois plats et une demi-	**$$$** de 250 à 450 HK$
bouteille de vin (ou repas	**$$$$** de 450 à 600 HK$
équivalent), service inclus.	**$$$$$** plus de 600 HK$

Royal Park Chinese

🔟 Restaurants

1 Jaspa's
Mélange de saveurs étonnant, personnel accueillant et nombreux vins australiens à prix doux. ❧ *13 Sha Tsui Path, Sai Kung • plan G3 • 2792 6388 • $$$.*

2 Tung Kee Seafood Restaurant
Choisissez votre poisson dans l'un des aquariums du bord de l'eau, marchandez, puis emportez-le dans un sac à la cuisine, où il sera aussitôt préparé. L'un des meilleurs repas de fruits de mer de Hong Kong. ❧ *Boutique 11-15, Siu Yat Building, Hoi Pong Sq, Sai Kung • plan G3 • 2791 9886 • $$$.*

3 Lung Wah Hotel
L'hôtel a disparu depuis longtemps, mais le restaurant n'a pas failli depuis 50 ans. Spécialités de pigeon. ❧ *22 Ha Wo Che St, Sha Tin • plan E3 • 2691 1594 • $$.*

4 Royal Park Chinese
De délicates spécialités cantonaises, rares à Sha Tin, dont le poulet croustillant et la soupe aux ailerons de requin. ❧ *2e étage, Royal Park Hotel, 8 Pak Hok Ting St, Sha Tin • plan E3 • 2694 3939 • $$$.*

5 Ristorante Firenze
Presque toujours bondé. Logique, quand on connaît ses pâtes et ses vins rouges, peu chers et excellents. Bonnes pizzas. ❧ *60 Po Tung Rd, Sai Kung • plan G3 • 2792 0898 • $$-$$$.*

6 Sham Tseng Yue Kee Roast Goose Restaurant
Les clients hong-kongais se régalent avec les intestins d'oie en ragoût, mais l'oie rôtie au sel et au poivre sera sans doute plus appréciée des touristes. ❧ *9 Sham Tseng San Tsuen, Sham Tseng • plan D3 • 2491 0105 • $.*

7 Anthony's Catch
L'un des restaurants les plus appréciés du quartier, grâce à ses fruits de mer importés et cuisinés à l'italienne, à ses pâtes fraîches et aux vins d'Italie. ❧ *1826b Po Tung Rd, Sai Kungi • plan G3 • 2792 8474 • $$$.*

8 One Thirty-One
Accessible en voiture ou en bateau privé, ce restaurant propose des produits provenant de sa propre ferme bio. On ne peut servir que 20 couverts à la fois : donc pensez à réserver. ❧ *131 Tseng Tsau Village, Shap Sze Heung, Sai Kung • plan G3 • 2791 2684 • $$$$$.*

9 Dia
Excellents tandouris du Bengale, currys, kebabs et pains cuits dans des fours en terre. ❧ *42-56 Fuk Man Rd, Sai Kung • plan G3 • 2791 4466 • $$.*

10 Baanthai
Le cadre de New Town Plaza est sans intérêt, mais la cuisine thaïe épicée réveillera les « accros » du shopping les plus épuisés ! ❧ *Boutique A172, 3e étage, Hilton Plaza, Sha Tin • plan E3 • 2609 3686 • $$-$$$.*

Pages suivantes **Spirales d'encens**

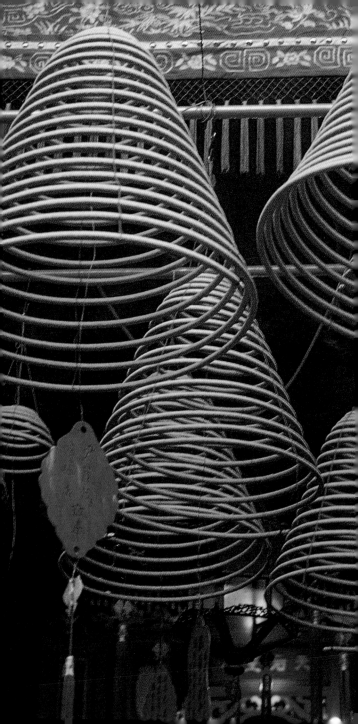

Gauche **Tai O** Centre **Île de Lamma** Droite **Homard**

Les îles de l'archipel

Hong Kong évoque d'abord une ville et non un archipel. Or, si vous parvenez à vous extraire des bars et boutiques du centre-ville, les 260 îles disséminées autour de la péninsule vous feront vivre les expériences les plus riches de votre séjour. La plus grande d'entre elles, Lantau, aujourd'hui reliée au continent par un pont, a perdu un peu de sa langueur et de son originalité d'antan ; mais les plus petites offrent leur lot de compensations et d'opportunités pour se perdre, des petits sentiers étroits de Cheung Chau aux fêtes délirantes de la plage de Power Station, à Lamma.

🏆10 Les Sites

1. Lantau : Mui Wo
2. Lantau : Tai O
3. Lantau : Sunset Peak
4. Lantau : monastère trappiste
5. Lamma : Sok Kwu Wan
6. Lamma : Yung Shue Wan
7. Po Toi
8. Tap Mun
9. Peng Chau
10. Île de Cheung Chau

Gauche **China Bear Club, Lantau** Droite **Sunset Peak, Lantau**

Maisons sur pilotis, Tai O

Plage de Mui Wo, île de Lantau

Lantau : Mui Wo
Le ferry principal en provenance de Hong Kong accoste à Mui Wo (Silvermine Bay). Si l'endroit est loin d'être le plus beau de Lantau, il constitue un bon point de départ pour l'exploration de l'île. La plupart des restaurants et bars se trouvent à deux pas, ainsi qu'un supermarché et une plage (à 5 min à pied au nord-est). Avant toute balade, prenez le temps d'une bière et d'une partie de billard ou allez faire vos provisions pour un pique-nique. ✎ Plan C5.

Lantau : Tai O
Le joli village de Tai O, sur la côte ouest de Lantau, mérite le détour malgré son éloignement. Niché dans un estuaire, il est l'un des derniers où l'on peut encore voir les maisons traditionnelles sur pilotis des pêcheurs, dont certaines sont minuscules. Les amateurs d'authenticité goûteront la pâte de crevettes, sorte de sauce de poisson relevée issue de la fermentation de crevettes et d'épices dans des jarres au soleil. N'ayez pas de préjugés : c'est plutôt bon ! ✎ Plan A5

Lantau : Sunset Peak
Réservé aux sportifs. Le deuxième sommet de Hong Kong (934 m) offre le plus beau panorama de Lantau. Vues merveilleuses sur la péninsule, l'aéroport international, le monastère de Po Lin et les vallées boisées de cette contrée quasi déserte. Les plus courageux dormiront à l'auberge de jeunesse pour assister au lever de soleil le plus spectaculaire de Hong Kong. Uniquement par temps clair, bien entendu. ✎ Plan B5.

Lantau : monastère trappiste
Silence requis pour la visite de la chapelle accolée à la vieille ferme en ruine. En dehors de cela, il n'y a pas grand-chose à voir, mais le monastère et les bois alentour offrent un cadre idéal pour une balade au départ de Discovery Bay. Desservi par de rares ferries Kaido en direction de Discovery Bay ou de l'île de Peng Chau (p. 115) et de ses nombreux restaurants de fruits de mer. ✎ Plan C5 • EG.

Village de pêcheurs de Tai O

Grand Bouddha et monastère de Po Lin **p. 28-29**

113

Port de Peng Chau

5 Lamma : Sok Kwu Wan

Les sites touristiques sont rares sur cette portion très bétonnée de la côte est de Lamma. Sok Kwu Wan est principalement connu pour sa carrière et ses innombrables restaurants de fruits de mer le long du port (ils se valent tous et sont pour la plupart d'excellente qualité). À eux seuls, leurs aquariums méritent le détour pour la taille impressionnante de certains poissons et crustacés. Au bout de la rue principale se dresse le beau temple de Tin Hau. Quant à la promenade de 5 km menant au village endormi et à la plage de Yung Shue Ha, elle est réservée aux sportifs. ● *Plan E6* • *ferries réguliers depuis l'île de Hong Kong.*

6 Lamma : Yung Shue Wan

Autre port de la côte ouest. Sa rue principale, dans un état de délabrement poignant, regorge de restaurants et de bars. Avant de vous rendre à la plage, bien entretenue, de Hung Shing Ye (un bon quart d'heure de marche, vers le sud-ouest),

Les dauphins roses de Lantau

Pour voir les rares dauphins de la rivière des Perles qui viennent s'ébattre le long des côtes de Lantau, de nombreuses sorties en mer sont organisées. Participez-y pour connaître le mode de vie de cette espèce menacée par la pollution, la pêche intensive et les hélices (mortelles) des bateaux et hydrofoils. Au moins quatre départs par semaine sont proposés *(p. 54 et 145).*

prenez le temps d'observer les villageois, les expatriés et les touristes. ● *Plan D5* • *ferries réguliers depuis l'île de Hong Kong.*

7 Po Toi

Pour accéder à cet affleurement rocheux quasi désert au sud de l'île de Hong Kong, le plus simple est de prendre le ferry depuis Stanley ou Aberdeen. Le jeu en vaut la chandelle. Falaises plongeantes sur la mer de Chine et promenades du bout du monde qui s'achèvent au Ming Kee, meilleur restaurant de l'île *(p. 117).* ● *Plan F6* • *ferries depuis Stanley ou Aberdeen, mar., jeu., sam., dim. et j.f.*

Gauche **Poissons séchés** Droite **Plage de Hung Shing Ye, Lamma**

Terminal des ferries pour les îles **Carte L4**

Pêcheur

8 Tap Mun

Au nord de la péninsule de Sai Kung, la minuscule île isolée de Tap Mun, l'« île aux herbes », n'est reliée au continent que deux ou trois fois par jour. Allez-y pour les saisissantes formations rocheuses, le fracas des vagues, les troupeaux de bétail et l'isolement (relatif). Très beau temple de Tin Hau. Pensez à emporter un pique-nique – les restaurants sont rares –, et attention à ne pas manquer le dernier ferry car il n'y a pas d'hôtels. ✆ Plan H2 • ferries depuis Wong Shek et Ma Liu Shui.

9 Peng Chau

Blottie près de Lantau, face à Discovery Bay, cette petite île offre la vision d'une traditionnelle communauté côtière. Pour se promener au hasard des ruelles étroites, des magasins minuscules et des temples, au son du cliquetis lointain des parties de ma-jong ou d'un opéra cantonais échappé d'un vieux poste. Peu de restaurants (mais fruits de mer bon marché) et pas de plages. ✆ Plan C5 • ferries depuis l'île de Hong Kong et Discovery Bay, à Lantau.

10 Île de Cheung Chau

Cet ancien repaire de pirates conserve beaucoup de son caractère original, avec ses petits chantiers navals au bout du port, ses vieux temples et lieux de pèlerinage disséminés au fil de ses routes étroites. Beaucoup de ses habitants étant pêcheurs, les fruits de mer y sont bon marché. Quelques très belles plages (p. 24-25).

Une journée à Lantau

Le matin

🕐 Partez tôt. Prenez un ferry pour Lantau à l'Outlying Island Ferry Pier, sur l'île de Hong Kong, et descendez à **Mui Wo** (p. 113). Prenez le bus 1, devant le quai des ferries, et allez jusqu'au terminus, le vieux village de pêcheurs de Tai O (p. 113) à l'extrême nord-ouest de la côte.

Admirez le spectacle et imprégnez-vous des odeurs de cet ancien village avant de repartir pour Ngong Ping, son **Grand Bouddha** et le **monastère de Po Lin** (p. 28-29).

🍴 Déjeunez « végétarien » au monastère ou pique-niquez. Les alentours de Ngong Ping se prêtent à des randonnées faciles, avec vues et escalades (Lantau Peak).

L'après-midi

S'il vous reste du temps, reprenez le bus pour Mui Wo et arrêtez-vous à la superbe plage de Cheung Sha, propre et presque toujours déserte (demandez au chauffeur de vous dire où descendre). Vous pourrez profiter d'un après-midi de nage, de repos et de bronzette sur sable doré !

🍹 Apaisez votre soif et votre petit creux chez **Stoep** (p. 117), qui sert une cuisine de types méditerranéen et sud-africain.

🍺 De là, le trajet pour regagner Mui Wo est rapide. Avant de reprendre le ferry, allez boire un verre à l'**Hippo** ou au **China Bear** (p. 117), deux bars conviviaux proches de la jetée.

Visiter la région – Les îles de l'archipel

Gauche **Grand Bouddha** Centre **Bateaux, Lantau** Droite **Femme hakka**

⑩ À photographier

1 Grand Bouddha de Lantau
Pour la beauté saisissante du site, sans oublier son Grand Bouddha *(p. 28-29)*.

2 Pont arrière des ferries
Perspectives saisissantes. Le Star Ferry est le meilleur moyen de saisir la folie architecturale de Hong Kong *(p. 14-15)*.

3 Chapeau des femmes hakka
Le chapeau large, drapé et frangé de coton noir, appartient au costume traditionnel hakka – une ethnie de la région. Beaucoup de femmes le portent autour de Hong Kong, bien qu'elles n'appartiennent pas à cette tribu.

4 Port de Cheung Chau
Pour de superbes bateaux de pêche aux proues élancées, des sampans râblés et des chantiers navals animés *(p. 24-25)*.

5 Village de Tai O, Lantau
Un ancien village de pêcheurs, sur la côte nord-ouest de l'île. Dernier site où l'on peut encore voir des maisons traditionnelles sur pilotis *(p. 113)*.

6 Ambulance et camion de pompiers miniatures de Cheung Chau
Sur l'île de Cheung Chau, rendez-vous à pied au nord de She Praya Road pour jeter un coup d'œil dans le petit garage et apercevoir l'ambulance et le camion de pompiers miniatures, conçus pour se déplacer sur les sentiers étroits de l'île.

7 Aquariums des restaurants de Lamma
Les restaurants exposent le contenu de leurs menus dans de grands aquariums. Vous y découvrirez des monstres comestibles, tels que mérous gigantesques ou homards géants, et une fascinante variété de crustacés et autres poissons.

8 Vue de l'aéroport depuis le Lantau Peak
Depuis le Lantau Peak, par temps clair et avec un objectif puissant, possibilité de superbes photos de l'aéroport, mais aussi du monastère et de la campagne environnante. ◈ *Plan B5*.

9 Point de vue sur l'aéroport pour les passionnés
L'aéroport ne possédant pas de site d'observation officiel, allez à pied ou en taxi jusqu'à la colline de Tung Chung et suivez le chemin qui mène à son sommet et à sa pagode. ◈ *Plan B5*.

10 Point de vue sur le pont de Tsing Ma
Si les projets architecturaux d'envergure vous intéressent, rendez-vous à l'Airport Core Programme Exhibition Centre de Ting Kau (gratuit). Sur le toit, une terrasse vous permettra de photographier les élégants ponts Tsing Ma et Ting Kau.

China Bear

Catégories de prix

Prix moyen pour une personne, comprenant trois plats et une demi-bouteille de vin (ou repas équivalent), service inclus.

$	moins de 100 HK$
$$	de 100 à 250 HK$
$$$	de 250 à 450 HK$
$$$$	de 450 à 600 HK$
$$$$$	plus de 600 HK$

🔟 Bars et restaurants

1 China Bear, Lantau

Vous avez manqué le ferry ? Allez vous consoler au coin de la rue. Bonnes spécialités et 30 variétés de bières à la pression ou en bouteilles à peu de frais. ⊗ *Rez-de-chaussée, Mui Wo Centre • plan C5 • 2984 9720 • pas de cartes de paiement • $$.*

2 Stoep, Lantau

Bons plats méditerranéens et sud-africains sur l'une des plus jolies plages de l'île. Goûtez les tapas ou le poisson froid au curry du Cap. ⊗ *32 Lower Cheung Sha Village • plan B6 • 2980 2699 • $$.*

3 McSorley's Ale House, Lantau

Lieu très apprécié des expatriés britanniques nostalgiques qui y retrouvent *fish and chips*, tourtes, currys et même le copieux rôti du dimanche. On y trouve aussi de la Guinness et une grande variété de bières. ⊗ *Block B, DB Plaza, Discovery Bay • plan C4 • 2987 8280 • $$.*

4 Cheung Chau Windsurfing Centre Café, Cheung Chau

Petits déjeuners à toute heure, snacks et plats surtout occidentaux qui vous détourneront de la pratique du windsurf ! Ouvert de 13 h à 18 h. ⊗ *1 Hai Pak Rd, Cheung Chau • plan C6 • 2981 2772 • $$.*

5 Rainbow Seafood, Lamma

Un des meilleurs restaurants de l'île. Vue sur le port, fruits de mer exquis ; vous succomberez, comme les habitants. ⊗ *16-20 First St, Sok Kwu Wan • plan E6 • 2982 8100 • $$.*

6 Hometown Teahouse, Cheung Chau

Tenu par un couple de Japonais accueillants, l'endroit est parfait pour prendre le thé. Essayez aussi les savoureux gâteaux ou les sushis très frais. ⊗ *12 Tung Wan Rd • plan C6 • 2981 5038 • $.*

7 Bookworm Café, Lamma

Une éthique végétarienne clamée sur les murs à coups de slogans simplistes. Tout cela est heureusement compensé par la convivialité, la cuisine et les jus de fruits frais exceptionnels. ⊗ *79 Yung Shue Wan Main St • plan D5 • 2982 4838 • pas de cartes de paiement • $$.*

8 Han Lok Yuen, Lamma

À 20 min à pied de Yung Shue Wan ; spécialités de pigeon. ⊗ *16-17 Hung Shing Ye • plan D5 • 2982 0608 • pas de cartes de paiement • $$.*

9 Cheung Kee, Cheung Chau

Plats locaux moyens mais les nouilles sont fraîches, les boulettes et les *wonton* parfaits. Facile à trouver, près du quai des ferries (l'enseigne est en chinois). ⊗ *83 Praya St • plan C6 • 2981 8078 • pas de cartes de paiement • $.*

10 Ming Kee Seafood, Po Toi

Le meilleur restaurant de Po Toi, tenu par un restaurateur et ses sept filles. Allez-y en jonque ou depuis Stanley ou Aberdeen (p. 114). ⊗ *Tai Wan • plan F6 • 2849 7038 • pas de cartes de paiement • $$.*

➤ *Sauf indication contraire, tous les restaurants acceptent les cartes de paiement.*

Gauche **Phare de Guia** Centre **Bas-relief, Musée maritime** Droite **São Domingos**

Macao (Macau)

S i les jeux d'argent constituent indubitablement le premier attrait de Macao – notamment pour les Hong-Kongais qui y débarquent chaque nuit par bateau ou par hélicoptère –, cette ancienne colonie portugaise est bien plus qu'un médiocre pastiche de Las Vegas et offre, à qui sait les trouver, de superbes places aux accents ibériques imprégnées de quatre siècles d'histoire, sans oublier sa cuisine exquise, métissage d'influences chinoises et portugaises.

🔟 Les sites

1. Avenida da Praia Grande
2. Phare de Guia
3. Ruinas do São Paulo
4. Largo do Senado
5. Centre culturel
6. Cimetière protestant
7. Jardins de Camões
8. Fortaleza do Monte
9. Théâtre Dom Pedro
10. Séminaire St-Joseph

Jardin Lou Lim Ieoc

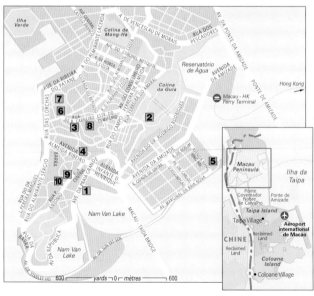

Ruínas do São Paulo

1 Avenida da Praia Grande

Les banians qui bordent cette avenue élégante étirent leur ombre gracieuse sur les maisons coloniales aux tons pastel. Contrairement à Hong Kong, Macao a su préserver son patrimoine. À la pointe de la péninsule où se dresse la magnifique forteresse transformée en hôtel, la Pousada de São Tiago, la route prend le nom d'Avenida de Republica, avant de devenir Rua da Barra et de s'achever dans le Porto Interior (« port intérieur »).

2 Phare de Guia

Monument le plus visible de Macao, le phare de Guia veille en solitaire depuis 1638 sur les navigateurs, qu'ils soient flibustiers ou commerçants. Pour gravir la colline et jouir d'un panorama à 360° sur la ville depuis son point culminant, empruntez le téléphérique puis prenez le temps de redescendre à pied. ◈ EG.

3 Ruínas do São Paulo

La façade et la mosaïque du sol sont les seuls vestiges de l'église la plus grandiose de Macao. Perchée au sommet d'une volée de marches en pierre et consolidée par une plate-forme d'observation à l'arrière, cette cathédrale bâtie par les Jésuites fut saluée en son temps comme le plus grand monument de la chrétienté en Orient. Ravagée par un incendie en 1815, elle ne doit la survie de sa façade qu'à d'importants travaux au début des années 1990. ◈ Museum of Sacred Art and Crypt, ouv. 9h-18h • EG.

4 Largo do Senado

Avec ses maisons chatoyantes et ses pavés aux courbes psychédéliques, cette place située au cœur de Macao est l'un des sites favoris des photographes. À une extrémité se dresse le Leal Senado (« Sénat loyal »), ancien poste de commandement portugais devenu siège du conseil municipal, qui tire son nom du refus de Macao de reconnaître l'occupation du Portugal par les Espagnols au XVIIe s. ◈ Leal Senado • ouv. t.l.j. sauf lun. 9h-21h • EG.

Gauche **En-cas dans la rue** Droite **Largo do Senado**

Modalités d'entrée à Macao p. 136

Gauche **Jardins de Camões** Droite **Casino flottant**

Centre culturel

Cet immeuble élégant, conçu et terminé à temps pour la rétrocession de décembre 1999, vit la cérémonie se dérouler derrière ses murs, dans un édifice temporaire aux allures de lanterne chinoise. Il est au cœur du Festival des arts de Macao (chaque année au mois de mars) et d'un mystère irrésolu : pourquoi avoir coiffé son toit d'un tremplin de saut à skis ? ◎ Ouv. t.l.j. 11h-19h • EG.

Cimetière protestant

Pierre tombale

Plus intéressant qu'on ne l'imagine, bucolique avec ses bosquets parsemés de tombes et ses épitaphes dédiées aux marins ou aux coloniaux morts de la peste. Parmi les sépultures, celles du peintre George Chinnery (le bar du Mandarin Oriental à Hong Kong porte son nom) et de Robert Morrison, premier protestant à avoir voulu évangéliser les Chinois. ◎ Ouv. t.l.j. 9h-17h30 • EG.

Jardins de Camões

Luís de Camões, poète et auteur de l'épopée nationale du XVIe siècle, Les Lusiades, n'est peut-être jamais venu à Macao, mais ne le dites pas aux Portugais locaux ! Son buste, placé dans

Histoire de Macao

La péninsule de Macao fut colonisée par les Portugais en 1557 pour servir de base commerciale et religieuse. Menacée par les Hollandais en 1622, elle a lutté pour survivre pendant 250 ans. Au milieu du XIXe s., les Portugais ont tenté d'asseoir leur pouvoir et sont parvenus à annexer les îles voisines de Taipa et Coloane, mais Macao n'a jamais pu rivaliser avec Hong Kong ; les jeux d'argent, l'opium et la prostitution sont restés ses principaux attraits. Mao a rejeté l'offre de restitution dans les années 1970, mais Macao a finalement été rétrocédée à la Chine en décembre 1999.

une excavation, commémore son supposé passage. Le matin, de vieux messieurs viennent promener leur oiseau en cage dans les jardins. ◎ Ouv. 6h-21h • EG.

Fortaleza do Monte

Première forteresse portugaise à Macao, bâtie pour soutenir des années de siège,

Fortaleza do Monte

Édifices coloniaux

elle sauva la ville lors d'une riposte décisive pendant l'attaque hollandaise de 1622 (les Hollandais convoitaient la péninsule depuis des années). Des militaires portugais y furent basés jusqu'en 1966, époque à laquelle le Portugal décida de modifier sa politique et de quitter son rôle de colonialiste armé pour endosser celui d'administrateur. ◈ *Ouv. t.l.j. 7h-9h • EG.*

Théâtre Dom Pedro

Le plus ancien théâtre lyrique colonial d'Asie date de 1858. Il a récemment été rénové et les spectacles et concerts ont repris après des années de négligence. Pour un aperçu de l'histoire théâtrale. ◈ *Ouv. 9h-18h • office de tourisme de Macao pour des informations sur les spectacles • 2833 3000.*

Séminaire Saint-Joseph

Une chapelle jaune, édifiée par les Jésuites entre 1746 et 1758 suivant le plan de l'église del Gesù de Rome. Sur la plaque commémorative d'origine, récemment retrouvée, il est possible de lire les noms du roi portugais João V, de l'évêque de Macao Hilário de Santa Rosa, et de l'empereur chinois Kien Luim, de la dynastie Qing. Ses cloches bicentenaires carillonnent toujours. Nombreux objets religieux.

Une journée à Macao

Le matin

🕐 Prenez un taxi pour les **Ruinas do São Paulo** *(p. 119)*, au cœur de Macao, et prenez-vous en photo, sur les marches. Allez ensuite flâner parmi les antiquaires et les magasins de meubles des rues environnantes. Les malles laquées rouges, les tables et chaises anciennes en teck y sont moins chères qu'à Hong Kong.

Quand vous ressentirez la fatigue, prenez un taxi jusqu'à l'île Coloane pour un déjeuner arrosé de sangria chez **Fernando's** *(p. 125)*. Goûtez le poulet frit, les crevettes à l'ail, les praires et les sardines avec un délicieux pain chaud, ou l'exquise salade portugaise.

L'après-midi

Allez digérer sur la **plage de Hac Sa** *(p. 122)* ou marchez jusqu'au minibus, devant Fernando's, pour vous rendre au village de Taipa (magasins et maisons pittoresques).

Pour revenir à Macao, le plus simple est de prendre un taxi. Arrêtez-vous à l'**hôtel Lisboa** *(p. 123)* et plongez dans l'univers du jeu du plus grand casino. Si vous voulez jouer, succombez, mais attention : la plupart des clients sont des joueurs confirmés !

Si vous gagnez ou si vous savez vous arrêter avant de tout perdre, filez vers l'Avenida Dr Sun Yat-sen et ses myriades de bars pour une nuit de fête en commençant – pourquoi pas ? – par le **Moonwalker**, suivi du **Sanshiro** *(p. 124)*.

Gauche **Jardin de Lou Lim leoc** Centre **Rua da Felicidade** Droite **Maritime Museum**

ᴛᴏᴘ10 Où flâner

1 Macau Tower
Tour surnommée l'« Érection du Dr Ho » en hommage au magnat du jeu, le Dr Stanley Ho. Plus haute que la tour Eiffel (338 m), au milieu d'un parc à thème et d'un complexe de restaurants, elle dispose d'un restaurant tournant au sol vitré, déconseillé aux cœurs fragiles. ◈ *Région des lacs Nam Van.*

2 Pousada de Coloane
Premier hôtel de bord de mer de Macao ; parfait pour aller boire un verre quand le soleil brille. ◈ *Cheoc Van Praia, Coloane • 2888 2143.*

3 Jardin de Lou Lim leoc
Des arbres, de l'ombre, des bancs et des bassins avec des lotus. ◈ *Avenida do Conselheiro Ferreira De Almeida • ouv. t.l.j. 6h-18h.*

4 Musée de Macao
Histoire, civilisation et architecture. ◈ *Citadelle de São Paolo do Monte. • 2835 7911 • ouv. t.l.j. sauf lun. 10h-18h • EP.*

5 São Domingos
Dominant la place Largo do Senado, cette église baroque fut restaurée dans les années 1990, suite à des dégradations causées par les termites. Musée contigu avec plus de 300 œuvres sacrées. ◈ *Largo do Domingos • ouv. t.l.j. 10h-18h. • EG.*

6 Sun Yat-sen Memorial House
Le « père de la Chine moderne » vécut à Macao, où sa première femme demeura après son exil forcé. ◈ *Avenida Sidonio Pais • ouv. t.l.j. sauf mar. 10h-17h • EG.*

7 Rua da Felicidade
La « rue du Bonheur », autrefois paradis des maisons closes (d'où son nom), est devenue une belle artère pavée bordée de nombreux restaurants bon marché.

8 Musée maritime
Pour ceux que le passé maritime de Macao intéresse. ◈ *Largo do Pagode • 2859 5481 • ouv. t.l.j. sauf mar. 10h-17h30 • EP.*

9 Pousada de São Tiago
À l'origine (au XVIIe s.), ce bel hôtel *(p. 154)* surplombant la baie était un fort portugais taillé dans la roche. ◈ *Avenida da República • 2837 8111.*

10 Hac Sa Beach
Plage de sable noir. Contournez la pointe jusqu'au Westin Resort *(p. 154)* pour boire un verre. ◈ *Coloane.*

Gauche **Wynn** Centre **The Venetian** Droite **Sands**

🔟 Où jouer

Hôtel Lisboa
Le fer de lance du Dr Ho, magnat du jeu, sorte d'ovni mâtiné de gâteau à la crème, reste l'un des édifices les plus curieux de Macao. Il est aujourd'hui plutôt délaissé au profit du New Lisboa, en forme de lotus. ⊛ *Avenida de Lisboa 2-4 • 2837 7566 • ouv. 24h/24.*

Hippodrome de Macao
Un peu plus « fatigué » que son homologue hong-kongais, chic et high-tech. ⊛ *Estrada Gov Albano da Oliveira, Taipa • 2882 0868 • courses mer. ou jeu. et sam.-dim. • EP.*

Canidrome
Le seul champ de courses de lévriers d'Asie. ⊛ *Avenida General Castelo Branco • 2833 3399 • ouv. mar., jeu., sam.-dim. • EP.*

Casino flottant
Un vieux ferry reconverti en casino : clinquant comme un sapin de Noël, bondé, enfumé, suffocant. ⊛ *Avenida da Amizade, près du terminal des jetfoils Hong Kong/ Macao • 2878 1781 • ouv. 24h/24.*

Casino du Mandarin Oriental
La facette la plus convenable du jeu à Macao. Élégants citadins amateurs de Martini. ⊛ *Avenida da Amizade • 2856 7888 • ouv. 24h/24.*

The Venetian
Las Vegas sous les tropiques. Des spectacles et des boutiques de grandes marques permettent de se détendre agréablement après le stress des tables de jeu. ⊛ *Estrada da Baía de N Senhora da Esperança, Cotai Strip • 2882 8888 • ouv. 24h/24.*

MGM Grand
Doté d'une étonnante façade, le MGM Grand offre un spa luxueux et une vaste salle de jeu dans le style d'une place portugaise. ⊛ *Avenida Dr Sun Yat Sen, NAPE • 8802 8888 • ouv. 24h/24.*

Wynn
L'un des plus somptueux casinos de Macao. L'intérieur est décoré de tapis à fleurs, de chandeliers originaux, le tout très coloré. ⊛ *Rua Cidade de Sintra, NAPE • 2888 9986 • ouv. 24h/24.*

Casino Kam Pek
Clientèle locale assidue, parfois grossière avec les « étrangers » et les Hong-Kongais exhubérants. Il est déconseillé de soutenir le regard des habitués. ⊛ *Rua de Foshan • ouv. 24h/24.*

Sands
Le premier casino dans le style Las Vegas créé sur le front de mer. ⊛ *Largo de Monte Carlo 203 • 2888 3388 • ouv. 24h/24.*

Gauche **Sanshiro** Centre **Oskar's Pub** Droite **Casablanca Café**

Cafés, bars et clubs

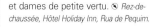

1 Bellini Lounge
Ce bar élégant est situé dans un recoin de l'hôtel Venetian. Le cadre est peut-être luxueux, mais l'accent est mis sur la musique *live*, très bonne. Deux orchestres maison s'y produisent et des artistes sont parfois invités. Vérifiez le programme à l'accueil. ✪ *The Venetian, Estrada da Baía de N Senhora da Esperança, Cotai Strip.*

2 Opiarium Café
Canapés confortables, jolies vues, musique *live*. Ses problèmes de licence sont maintenant résolus et le café accueille à nouveau une foule branchée. ✪ *Avenida Dr Sun Yat-sen • $.*

3 Sanshiro
Comme la plupart des clubs de Macao, il ouvre tard, après 22 h. Bonne musique, ambiance sympa. ✪ *Avenida Dr Sun Yat-sen.*

4 Macau Jazz Club
Plus spacieux mais moins animé que le club obscur qu'il a remplacé. À deux pas, la statue de la déesse de la Miséricorde veille avec tristesse sur ses fêtards ivres ! Musique *live* après 21 h. ✪ *Avenida Dr Sun Yat-sen.*

5 Oskar's Pub
Bar d'hôtel typique avec les habituels touristes, locaux, et dames de petite vertu. ✪ *Rez-de-chaussée, Hôtel Holiday Inn, Rua de Pequim.*

6 Nova Guia
Association intéressante d'objets coloniaux. Également une vieille voiture de course. ✪ *Rez-de-chaussée, hôtel Mandarin Oriental, Avenida da Amidaze.*

7 Talker Pub
La population locale vient pour y faire la fête. Joignez-vous à elle. Foot à la télévision et bière à prix raisonnables. ✪ *104 Rua de Pedro Coutinho.*

8 D2
Un club sur deux étages pour danser sur de la musique pop, rock, house et techno. Bonne ambiance. ✪ *2e étage AIA Tower, 251A-301 Avenida Comercial de Macau.*

9 Moonwalker
Un bar très fréquenté, sans Michael Jackson, mais avec une vue magnifique sur le port. ✪ *Vista Magnifica Court, Avenida Marginal da Baia.*

10 Casablanca Café
Billard, velours rouge, posters évocateurs du film. Savourez, mais évitez de lancer *Play it Again, Sam* aux barmans (plutôt du genre revêche). ✪ *Dynasty Plaza, Avenida Dr Carlos Assumpcao.*

Visiter la région – Macao

Catégories de prix

Prix moyen pour une personne, comprenant trois plats et une demi-bouteille de vin (ou repas équivalent), service inclus.	$ moins de 100 HK$
	$$ de 100 à 250 HK$
	$$$ de 250 à 450 HK$
	$$$$ de 450 à 600 HK$
	$$$$$ plus de 600 HK$

Gauche **Sardines grillées, Fernando's** Droite **Clube Militar de Macao**

Restaurants

Fernando's
Sa célébrité ne l'a pas encore gâché. Idéal pour un long repas bien arrosé. Poulet rôti et sardines grillées (excellents), sangria abondante, crevettes à l'ail à tomber. ✪ *Praia Hac Sa 9, Coloane • 2888 2531 (réservation recommandée) • pas de cartes de paiement • $$.*

A Lorcha
Plats macanais, aux influences orientales et occidentales : poulet épicé grillé africain, *bacalhau* (morue au four) et *caldo verde* (soupe à la purée de pommes de terre). ✪ *Rua do Almirante Sergio 289 • 2831 3193 • $.*

Flamingo
Excellente cuisine de Macao dans ce restaurant au bord de l'eau, au décor méditerranéen. Essayez le canard au tamarin ou le crabe au curry. ✪ *Hyatt Regency, Estrada Almirante 2, île de Taipa • 2883 1234 • $$$.*

Solmar
Chouchou des locaux. Goûtez la soupe de poisson avec ses morceaux de morue qui fondent dans la bouche. ✪ *Avenida da Praia Grande 512 • 2857 4391 • $$.*

Caffè Toscana
Petit restaurant italien typique très accueillant. ✪ *Traversa de São Domingos 11 • 2837 0354 • pas de cartes de paiement • $$.*

Mezzaluna
Restaurant italien romantique aux bougies en demi-lune. Les meilleures pâtes de Macao et de bons vins. ✪ *Hôtel Mandarin Oriental, Avenida de Amizade 956-1110 • 2856 7888 • $$$.*

Clube Militar de Macau
Fief des officiers, le Clube Militar est l'un des plus beaux exemples d'architecture classique européenne en Asie. Cuisine portugaise gastronomique. ✪ *Avenida da Praia Grande 975 • 2871 4009 • $$$.*

Espaço Lisboa
Niché dans un village de Coloane et dirigé par le chef portugais, ce restaurant campagnard rappelle l'époque coloniale. ✪ *Rua das Gaivotas 8, Coloane • 2888 2226 • $$.*

Cozinha Portuguesa O Manel
Le chef Manel est localement célèbre pour son *bacalhau*. La morue vient de Norvège et elle est salée au Portugal. ✪ *90 Rua Fernão Mendes Pinto, village de Taipa • 2882 7571 • $$.*

Restaurante Pinocchio
Une institution. Crevettes épicées, pigeon rôti et crabe au curry. ✪ *Rua do Sol 4, village de Taipa • 2882 7128 • $$.*

Sauf indication contraire, tous les restaurants acceptent les cartes de paiement.

Gauche **Crabes, marché de Dong Men** Centre **Minsk World** Droite **Parc à thème, Splendid China**

Shenzhen

*S*ituée de l'autre côté de la frontière des Nouveaux Territoires, Shenzhen (ou «Schumchun») était autrefois un village de la Chine communiste dont les pêcheries communales formaient un contraste saisissant avec le Hong Kong capitaliste. En l'espace de vingt ans, le village s'est métamorphosé en un eldorado grâce à son statut de zone économique de libre-échange, créateur de richesses et véritable aimant pour une faune d'opportunistes et de mendiants. La ville, au mercantilisme tapageur, donne un aperçu de la nouvelle Chine et peut s'apprécier, si tant est que l'on ne se départisse pas d'un solide sens de l'humour.

Les sites

1. Luo Hu Commercial City
2. Quartier de Dong Men
3. Minsk World
4. China Folk Culture Village
5. Splendid China
6. Window of the World
7. Happy Valley
8. Mission Hills Golf Club
9. Soins de beauté
10. Honey Lake

Luo Hu Commercial City

1 Luo Hu Commercial City

Accolé à la gare-frontière, ce vaste complexe est le plus pratique de tous. Ses cinq étages (le dernier abrite un grand marché textile) regorgent de tout ce que l'on peut

Minsk World

désirer en quantités inépuisables. Articles de marques chinoises (souvent solides) et contrefaçons occidentales (risquées), vêtements, chaussures, accessoires et articles électroniques, bijoux, montres à l'infini. Tentez de faire baisser les prix : au début, proposez 10 % du prix affiché. Restaurants et massages.
✪ *Près de la gare-frontière.*

2 Quartier de Dong Men

Pour les toniques ! Un choix hallucinant de vêtements, mais beaucoup d'articles, telles les chemises pour hommes, sont taillés pour le marché asiatique. N'omettez pas les essayages avant d'acheter. À l'extrémité est, une passerelle mène à un autre gigantesque marché textile. Aucune inscription n'est en anglais : si vous avez une destination précise, faites-la transcrire en chinois.
✪ *Quartier de Dong Men, à un peu plus de 3 km au N de Luo Hu.*

3 Minsk World

Un ancien porte-avions soviétique dans lequel on peut acheter... des hot-dogs « américains », découvrir des images de missiles se déchaînant dans des éclairs de feu sur fond de musique de western spaghetti, admirer Strelka, chien de l'espace empaillé, ou applaudir un

numéro de cabaret russe déroutant. Très apprécié par les touristes chinois, un peu moins par les Occidentaux... ✪ *Quartier de Yantian • 2535 5333 • ouv. t.l.j. 9h30-18h30 • EP.*

4 China Folk Culture Village

Reconstitution en taille réelle de villages traditionnels peuplés de personnages élégants et souriants, figurant les différentes ethnies chinoises. Peut-être un cauchemar pour les anthropologues, mais pour les autres, il s'agit d'un bon aperçu du brassage culturel et ethnique de la Chine. ✪ *Overseas Chinese Town • 2660 0626 • ouv. t.l.j. 9h-21h • EP.*

5 Splendid China

Les splendeurs architecturales de la Chine reconstituées, dont la Cité interdite de Pékin, les guerriers de Xi'an et la Grande Muraille.
✪ *Overseas Chinese Town • 2660 0626 • ouv. t.l.j. 9h-18h. • EP.*

Splendid China

➡ *Visa pour la Chine* **p. 136**

Gauche **Splendid China** Droite **Window of the World**

6 Window of the World

De tous les parcs à thème dont raffole Shenzhen, cette réduction (littérale et métaphorique) du monde réel est probablement la plus surréaliste : le mont Fuji transformé en terril de 6 m de haut, des touristes en costume national thaï se prenant en photo devant le Taj Mahal et la vision poignante du World Trade Center. Feux d'artifice et spectacles *live* à heures fixes sur chaque « continent », dont celui d'une étrange tribu africaine jouée par des Asiatiques ! En prime, le toboggan du Grand Canyon et une piste de ski avec de la vraie neige. ✆ *Overseas Chinese Town* • *2660 8000* • *ouv. t.l.j. 9h-22h30* • *EP.*

7 Happy Valley

Concurrent de l'Ocean Park de Hong Kong, ce parc à thème offre, en prime, une piscine à vagues, des attractions à sensations, comme le Space Shot, un parcours du combattant et des démonstrations d'arts martiaux. Le monorail Happy Line permet de rejoindre les parcs à thème voisins. ✆ *Overseas Chinese Town* • *2694 9168* • *ouv. lun.-ven. 9h30-22h, sam.-dim. 9h-22h.* • *EP.*

8 Mission Hills Golf Club

De nombreux hommes d'affaires hong-kongais passent la frontière pour venir jouer sur ce golf cinq-étoiles de 216 trous. Pour ceux qui s'ennuieraient, 51 courts de tennis. ✆ *Mission Hills Rd, Guanlan* • *rés. 2802 0888 ou à HK 2973 0303* • *navette depuis Lok Ma Chau à HK toutes les 20 min.*

9 Soins de beauté

Vous ne supportez plus les centres commerciaux et les parcs à thème ? Courez vous détendre. À Luo Hu, on trouve tous les soins esthétiques possibles *(p. 127)*. Massage des pieds ou du dos à prix exceptionnels, ongleries, centres de remise en forme (dans les hôtels) offrant l'assurance de réflexologues professionnels et de masseurs traditionnels.

10 Honey Lake

À la sortie de Shenzhen, Honey Lake propose toutes les distractions imaginables, dont un grand parc d'attractions, un centre commercial, un golf et une piscine couverte et découverte. ✆ *Shennan Rd, quartier de Futian* • *2989 7388* • *EP.*

Golf de Mission Hills

Catégories de prix

Prix moyen pour une personne, comprenant trois plats et une demi-bouteille de vin (ou repas équivalent), service inclus.	**$** moins de 100 HK$
	**$$** de 100 à 250 HK$
	**$$$** de 250 à 450 HK$
	**$$$$** de 450 à 600 HK$
	**$$$$$** plus de 600 HK$

Restaurant Laurel

🔟 Bars et restaurants

Laurel
Sublime cantonais classique. Ses files d'attente sont justifiées. ⊛ *Boutique 5010, 5e étage, Luo Hu Commercial City • 8232 3668 • $$.*

Nishimura
Décoration moyenne, mais c'est l'un des rares japonais de Shenzhen. Sushis, sashimis, *teppanyaki* et *robotayaki* à prix corrects. ⊛ *2e étage, hôtel Shangri-La, Jianshe Rd • 8396 1386 • pas de cartes de paiement • $$.*

Golden Elephant Thai Restaurant
Son emplacement central, son menu clair en anglais et son personnel charmant en font l'un des meilleurs restaurants asiatiques de Shenzhen. ⊛ *Block B, 1er étage, hôtel Lido, Dong Men Nan Lu, Luo Hu • 8223 3888 • pas de cartes de paiement • $$.*

360°
Un restaurant tournant au sommet du luxueux hôtel Shangri-La *(p. 148)*. Sublimes vues sur Shenzhen la nuit, buffet international, ragoûts et grillades. ⊛ *Hôtel Shangri-La, Jianshe Rd • 8396 1380 • $$$$.*

The Grey Wolf
Décoration inspirée de l'architecture du Gansu. Agneau et pommes de terre sont aussi cuisinés comme là-bas. ⊛ *Huafu Lu 1022, Futian • 8324 1818 • pas de cartes de paiement • $$.*

Nanyuan Lu
Comme la plupart des grandes villes chinoises, Shenzhen comprend une communauté musulmane. Ici, des rangées de restaurants servent d'excellents kebabs de mouton, du riz pilaf et des *naan*, savoureux pains plats. ⊛ *Nanyuan Lu, Futian • $.*

Chaozhou Restaurant
Une occasion de découvrir la cuisine du Chaozhou, aussi intéressante que la cantonaise. Personnel obligeant. Essayez la soupe à la peau de requin. ⊛ *Hôtel Landmark, Nan Hu Lu 2 • 8217 2288 • $$$$.*

Casablanca
Près du port, dans le quartier de Shekou. Repaire d'expatriés ; cuisine d'inspiration française et italienne. ⊛ *Rez-de-chaussée, Yingbin Bldg, Taizi Lu, Shekou • 2667 6968 • $$.*

True Colors Dong Men
Restaurant calme à l'occidentale avec groupe de jazz, bonne nourriture et serveurs anglophones. ⊛ *4e étage Dong Men Friendship City, Jie Fang Lu • 8230 1833 • $$.*

Restaurant Nishimura

Soho Restaurant and Nightclub
Dans ce restaurant tape-à-l'œil, tout, de la carte au décor, a été mûrement élaboré. ⊛ *Bitao Club, Tai Zi Lu, Shekou • 2669 0148 • $$.*

Gauche **Scène de rue** Centre **Arts martiaux dans un parc** Droite **Hôtel White Swan, île de Shamian**

Guangzhou

L es deux grandes révolutions chinoises, républicaine et communiste, sont nées à Guangzhou (Canton, pour les Occidentaux), ce qui laisse présumer le tempérament de cette capitale du sud de la Chine. Loin de Pékin, elle a su conserver son indépendance, alliée à l'insouciance et à l'impatience de ceux qui n'ont de comptes à rendre à personne. Malgré la pollution et la circulation, sa personnalité reste visible dans ses richesses, telles que les tombeaux de la dynastie Han, les temples, l'architecture traditionnelle et l'exquise île de Shamian avec ses terrasses au charme désuet datant du XIXe siècle.

🔟 Les sites

1. Île de Shamian
2. Flânerie dans les Gei
3. Temple de Hua Lin et marché du Jade
4. Temple du Clan Chen
5. Temples de la Piété filiale et des Six Banians
6. Tombeau de Nanyue
7. Parc Yuexiu
8. White Cloud Mountain
9. Musée d'Art de Guangdong
10. Croisières sur la rivière

Temple des Six Banians

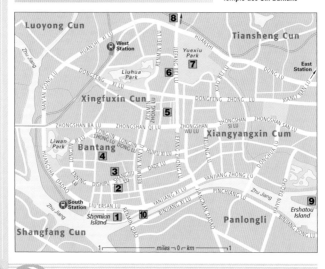

Gauche **Flânerie dans les Gei** Droite **Temple du Clan Chen**

1 Île de Shamian

Au sud-ouest de Guangzhou, cette petite île fut longtemps la porte principale de la Chine, lieu unique où marchands et diplomates étaient autorisés à négocier avec l'Empire. Récemment restaurée, elle est devenue un charmant havre de verdure doté de nombreux hôtels de qualité, de bars, de restaurants offrant de douces promenades au bord de l'eau.

2 Flânerie dans les Gei

La distraction la plus simple, mais aussi la plus exquise de Ghuangzhou. Flâner au gré de ces ruelles étroites prises entre les maisons anciennes et délabrées de la vieille ville, et tout particulièrement celles qui s'étirent au-dessus de l'île de Shamian jusqu'au quartier de Liwanhu, donne un parfait aperçu de la vie quotidienne locale, inchangée depuis des siècles. Découvrez la vie domestique et les petites industries locales, tels les soins

Marché du Jade

de beauté, en vous faisant, par exemple, épiler les sourcils à l'aide d'un simple morceau de coton.

3 Temple de Hua Lin et marché du Jade

Autour du petit temple bouddhiste de Hua Lin, le grand marché du Jade mérite une visite rapide. Cette pierre y est moins chère qu'à Hong Kong, mais mieux vaut être un expert pour faire la différence entre du vrai et du faux jade. À l'ouest de Kangwang Zhong Lu et au nord de Changshang Xi Lu, magasins d'antiquités et vente d'ambre et de jade. ◈ *Nord de Xiaju Lu, est de Wen Nan Wen Lu.*

4 Temple du Clan Chen

Ce vaste complexe, construit vers 1890 par le clan Chen grâce à des dons familiaux (Chen est le nom le plus répandu de la région et ses membres étaient nombreux), mérite le détour si vous n'avez visité aucun des manoirs ancestraux des Nouveaux Territoires. Son joyau : la frise vernissée courant le long du toit et ses personnages figurant des animaux légendaires. Expositions (plus ou moins réussies) d'objets en jade ou en os et d'artisanat local, parfois en vente. Si vous recherchez la paix et l'ombre, allez dans ses cours arborées. ◈ *Zongshan Qi Lu, métro Chen Jia Ci • ouv. t.l.j. 8h30-17h • EP.*

➡ *Visa pour la Chine* **p. 136**

Gauche **Temple des Six Banians** Droite **Parc Yuexiu**

5 Temples de la Piété filiale et des Six Banians

Temple royal dès le IIe s. av. J.-C., le temple de la Piété filiale (Guangxiao Si) semble avoir été un lieu de pèlerinage bouddhiste dès le IVe s. apr. J.-C. Les bâtiments que l'on peut admirer aujourd'hui datent du XVIIe s. Pour jouir d'un moment de paix, allez vous asseoir à l'ombre des vieux figuiers de ses cours paisibles. À proximité, Liurong Si, ou temple des Six Banians, abrite la plus ancienne et la plus vaste pagode de Guangzhou, haute de 55 m. ◉ *Guangxiao Lu.*

6 Tombeau de Nanyue

Ce musée bien organisé abrite des objets d'art et le tombeau de l'un des rois des Yue du Sud qui régnèrent sur la région aux IIe et IIIe s. apr. J.-C. Bien indiqué, en chinois et en anglais, le tombeau donne un aperçu d'une société cultivée et sophistiquée. Oreillers chinois et superbes linceuls des dynasties ultérieures. ◉ *Jiefang Bei Lu 867* • *ouv. t.l.j. 9h-17h* • *EP.*

7 Parc Yuexiu

Vaste parc agréable où l'on peut voir une sculpture des *Cinq Chèvres*, symbole de Guangzhou, et un monument dédié à Sun Yat-sen, père vénéré de la révolution chinoise. La tour Zhen Hai, dernier vestige des murailles de la cité du XIVe s., abrite le Musée municipal. ◉ *Metro Yuexiu Gongyuan Park* • *ouv. 7h-19h* • *EP* • *musée ouv. t.l.j. 10h15-16h* • *EP.*

8 White Cloud Mountain

Un vaste espace boisé, coiffé de pics et de crêtes, pour respirer un air pur sous la caresse de brises fraîches en dominant la ville et sa pollution.

9 Musée d'Art de Guangdong

Le plus grand musée d'art de Chine. Art chinois ancien et contemporain. ◉ *Luhu, Lu 13, île Ersha* • *ouv. mar.-ven. 9h-17h, sam.-dim. 9h30-16h30* • *EP.*

10 Croisières sur la rivière

Idéales pour échapper à la pollution et admirer la ville depuis la rivière. Essayez le *White Swan,* charmant vieux navire à voiles.

Sculpture des *Cinq Chèvres*, parc Yuexiu

 Sauf indication contraire, tous les restaurants acceptent les cartes de paiement et proposent des plats végétariens.

Catégories de prix

Prix moyen pour une personne, comprenant trois plats et une demi-bouteille de vin (ou repas équivalent), service inclus.	
$	moins de 100 HK$
$$	de 100 à 250 HK$
$$$	de 250 à 450 HK$
$$$$	de 450 à 600 HK$
$$$$$	plus de 600 HK$

1920 Restaurant and Bar

🔟 Bars et restaurants

1 J M Chef (aka Chao Mei)
Pour les aventureux, « lait de grenouille » ou « ragoût d'insectes ». Pour les autres, excellent poulet croustillant « aux trois verres de vin ». ◈ *Face à l'hôtel White Swan, île de Shamian • 8191 3018 • pas de cartes de paiement • $$.*

2 Paddy Fields
Un des lieux les plus fréquentés par les expatriés. Ce restaurant offre une authentique cuisine irlandaise. Après un régime à base de nouilles, l'agneau à la menthe peut surprendre. ◈ *Central Plaza, Huale Lu 38 • 8360 1379 • $$.*

3 Bei Yuan Jiujia
Le porc aigre-doux *(tang cu li ji)* est délicieux, mais nombreuses autres spécialités de Guangzhou et de Chaozhou. ◈ *Xiao Bei Lu 202 • 8356 3365 • pas de cartes de paiement • $$.*

4 Dong Jiang Hai Xian Da Jiu Lou
Le restaurant n'occupe pas moins de cinq étages ! Parfait pour un repas de poissons et fruits de mer. ◈ *Yanjiang Lu 2, à côté de Haizhu Guangchang • 8318 4901 • $$.*

5 1920 Restaurant and Bar
Apprécié des Cantonais et des expatriés pour ses plats aux saveurs allemandes et son jazz *live*. ◈ *Yanjiang Zhong Lu 183 • 8333 6156 • $$.*

J M Chef

6 Qing Wa Ju
De loin le meilleur restaurant coréen de la ville, avec trois étages et une terrasse sur le toit qui donne sur Dong Feng Park. ◈ *Shuiyin Lu 117 • 8725 1929 • $$.*

7 Japan Fusion
Dans une ville connue pour ses restaurants de la taille d'un terrain de football, celui-ci est le plus grand. Choix immense de plats à la fois japonais et cantonais. ◈ *2e étage, Metro Plaza, Tian He Bei Lu 358-378 • 8384 5109 • $$.*

8 Di Matteo
Le meilleur endroit de Guangzhou pour manger italien. Brunch le dimanche, très apprécié. ◈ *1er étage, West Side, Tian He Bei Lu 175-181 • 8525 0789 • $$$.*

9 Chuan Guo Yan Yi
Parfait pour découvrir la cuisine épicée du Sichuan. Les ragoûts sont bons, mais ayez la langue bien accrochée ! ◈ *2e et 3e étages, Hua Xin Dasha, Shui Yin Lu 2 • 3760 1325 • $$.*

10 Tang
Tang propose des recettes impériales classiques revues à la cantonaise. Dans le même immeuble que le night-club éponyme. Également un lieu pour la musique *live*. ◈ *Jian Shi Liu Ma Lu 1 • 8284 3320 • $$$.*

➤ *Pages suivantes* **Jardiniers dans le centre de Hong Kong**

MODE D'EMPLOI

Préparer son voyage
136

Arriver à Hong Kong
137

Se déplacer à Hong Kong
138

Informations
139

À éviter
140

Santé et sécurité
141

Banques et communications
142

Hong Kong pour petits budgets
143

Faire des achats
144

Excursions
145

Hébergement
146-154

MODE D'EMPLOI

Gauche **Aéroport de Hong Kong** Centre **Magasin anglais** Droite **Signalisations en anglais et en chinois**

TOP10 Préparer son voyage

1 Passeport et visa

Seul un passeport en cours de validité est exigé pour des séjours n'excédant pas 3 mois. En revanche, pour la Chine – au-delà des Nouveaux Territoires –, un visa est nécessaire (passeport valide 6 mois après la date de retour). Son délai d'obtention peut varier entre 3 et 10 jours ouvrables. Il est facile de l'obtenir depuis Hong Kong auprès d'agences de voyages (prix du visa variant selon le délai demandé et le nombre d'entrées). Les tarifs du China Travel Service sont plus élevés, mais on peut obtenir un visa en 1 jour ; passeport et photo d'identité sont alors requis. Possibilité de séjourner à Macao jusqu'à 20 jours sans visa et 90 jours pour les ressortissants portugais.

2 Quand partir

La période la plus propice au tourisme s'étale d'octobre à fin janvier, car les températures oscillent alors entre 20 et 26 °C, mais les mois de mars et avril sont plus cléments d'un point de vue climatique. En octobre et en avril, les hôtels, tout comme les vols, sont souvent plus chers et complets.

3 Climat

Située au sud du tropique du Cancer, Hong Kong bénéficie d'un climat subtropical, avec un hiver doux (de décembre à février) au cours duquel les températures peuvent descendre jusqu'à 10 °C, un printemps (mars-avril) et un automne (octobre-novembre) courts, chauds et agréables. En été (de mai à septembre), la température est d'environ 28 °C, avec un taux d'humidité de 80 à 90 % et une forte probabilité que surviennent typhons et orages tropicaux.

4 Qu'emporter

Des vêtements légers, avec une petite veste pour les mois d'hiver. Prévoir un haut à manches longues : par endroits, la climatisation est polaire !

5 Langues

Les langues officielles de Hong Kong sont le cantonais, le mandarin et l'anglais (largement parlé et compris). Vous pouvez néanmoins rencontrer des difficultés avec les chauffeurs de taxi et les habitants de zones rurales éloignées.

6 Santé

Aucun vaccin n'est exigé pour entrer à Hong Kong, mais celui de la fièvre jaune est requis pour les voyageurs venant d'un pays où elle est endémique et se rendant en Chine du Sud. Les médicaments courants sont faciles à se procurer. Prévoir une bonne assurance médicale.

7 Monnaie

L'unité monétaire est le dollar hong-kongais (HK$), divisé en 100 cents. Les billets sont émis en coupures de 20, 50, 100, 500 et 1 000 dollars. Les pièces sont de 1, 2, 5 et 10 dollars, et de 10, 20 et 50 cents. Le taux de change tourne toujours autour de 10 HK$ pour 1 €. Les HK$ sont acceptés à Macao, mais on vous rendra la monnaie en pataca (MOP). Les yuans ou renminbi sont nécessaires à l'intérieur de la Chine.

8 Budget

Prévoyez large : un séjour à Hong Kong peut coûter très cher. Aucune limite sur le montant du change (p. 142).

9 Prix locaux

Hong Kong n'est plus le paradis du shopping. De nombreuses marques sont aussi chères, voire plus, qu'en Occident. En revanche, beaucoup de bonnes affaires sur les marchés (p. 38-39) et dans les magasins d'usine (p. 76 et 106).

10 Permis de conduire

Pour conduire et louer un véhicule, permis international obligatoire.

Adresses

China Travel Service
78-83 Connaught Rd
• *2853 3888.*

Mode d'emploi

Gauche **Train de l'aéroport** Centre **Aéroport de Macao** Droite **Ferry**

🔟 Arriver à Hong Kong

1 Vols directs
Plaque tournante et porte de la Chine, Hong Kong est extrêmement bien desservie et il existe de nombreux vols directs, notamment depuis la France et le Canada, sur plusieurs compagnies (Air France, Cathay Pacific, Air China, KLM, Swiss International Airlines…).

2 Vols avec escales
Les possibilités d'escales sont nombreuses. Singapour, Kuala Lumpur et Bangkok (en arrivant par l'ouest), Séoul et Taipei (par l'est) constituent des étapes intéressantes et peu onéreuses. Quelques compagnies ne facturent pas les escales, à l'aller ou au retour, et proposent même des offres spéciales.

3 Réservation vols + hôtels
Vous pouvez consulter Internet pour les offres de vols et d'hôtels *(voir liste ci-contre)*. En revanche, achetez toujours vos vols intérieurs à Hong Kong ou en Chine même : ils vous coûteront jusqu'à 50 % moins cher. Il en va de même pour les hôtels tenus par des Chinois : réservez depuis la Chine.

4 Les vols les moins chers
Pour se rendre à Hong Kong, la période la moins chère se situe entre novembre et mi-décembre, et en janvier après le nouvel an chinois. Pour des affaires de dernière minute, consultez des sites comme www.last-minute.com, www.anyway.com qui offrent d'excellents prix et la disponibilité des vols en temps réel ; regardez aussi voyages-sncf.com, vdm.com, bdv.com ou encore les enchères de Nouvelles Frontières. L'été ou entre Noël et le nouvel an chinois, époque à laquelle beaucoup de Chinois se déplacent, les bonnes affaires sont rares.

5 Vols depuis le Sud-Est asiatique
Si vous voyagez en Asie du Sud-Est, avant de vous rendre à Hong Kong, sachez qu'il est possible d'acheter des billets à prix très avantageux à Bangkok, Kuala Lumpur et Singapour.

6 Informations à l'aéroport
Un office de tourisme se trouve dans la zone de transit E2 et les halls d'arrivée A et B. Ces derniers disposent également d'un bureau d'information hôtelière.

7 Voyages au long cours
Le summum de l'aventure, pour ceux qui ont du temps et de l'argent, est d'emprunter le Transsibérien. Parti d'Europe, vous arriverez à Hong Kong après avoir traversé la Mongolie ou la Mandchourie avec changement à Pékin.

8 Trains au départ de la Chine
Plusieurs trains quotidiens depuis Guangzhou ; en alternance, un jour sur deux, trains couchettes pour Pékin et Shanghai. Les couchettes « molles » *(ruanwo)* sont luxueuses, moins fréquentées et plus confortables, mais elles peuvent être aussi chères que l'avion.

9 Par la mer
Il existe des liaisons rapides et régulières par ferry pour Hong Kong depuis Guangzhou (2 à 3 h) et Macao (1 à 2 h).

10 Par la route
Nombreuses liaisons quotidiennes en bus entre Guangzhou et Hong Kong.

Adresses

Sites Internet
www.anyway.com
www.asia.fr
www.bdv.com
www.compagnies dumonde.com
www.vdm.com
www.lastminute.com
www.maisondelachine.fr
www.nouvelles-frontières.fr
www.voyages-sncf.com

Informations à l'aéroport
Bureaux d'information, 2181 8888 ou 2508 1234, t.l.j. 8h-18h • www.hkairport.com
• Bureau de réservation d'hôtels, t.l.j. 6h-1h.

Gauche **Logo du MTR** Centre **Taxi** Droite **Tramway**

TOP 10 Se déplacer à Hong Kong

1 Transfert depuis l'aéroport

Les superbes trains modernes du KCR rejoignent Central en 24 min (départs tous les jours toutes les 12 min, entre 5 h 50 et 1 h 15). À défaut, prenez un taxi (ils sont nombreux) ou – solution la plus économique – le bus E11 qui relie Central, Wanchai et Causeway Bay en 1 h.

2 Carte Octopus

Si vous comptez vous déplacer souvent à Hong Kong, procurez-vous la carte forfaitaire Octopus. Valable dans la plupart des bus, trains, ferries et trams jusqu'à épuisement de son crédit. Il existe des formules pour visiteurs de 24 h ou 3 jours avec déplacements illimités.

3 Les MTR et KCR

L'excellent MTR (Mass Transit Railway), équivalent du métro, est propre, bon marché et climatisé. Ses cinq lignes souterraines relient Hong Kong, Kowloon, les Nouveaux Territoires et Lantau entre 5 h 30 ou 6 h et 1 h 30. La ligne de train KCR (Kowloon-Canton Railway), entre Kowloon, les Nouveaux Territoires et l'intérieur des terres, fonctionne de 5 h 30 à 1 h.

4 Bus

Des bus fréquents et bon marché desservent toute la ville. Plans disponibles dans les bureaux du HKTB. Dans les plus grands hôtels, navettes gratuites à destination des gares KCR de Kowloon et de Central Airport Express.

5 Taxis

Rouges à Kowloon et à Hong Kong, verts dans les Nouveaux Territoires, bleus à Lantau, ils pratiquent des tarifs raisonnables, avec un supplément si l'on emprunte les tunnels à péage, si l'on a des bagages ou pour une course nocturne. Le pourboire n'est pas attendu. Attention ! peu de chauffeurs parlent l'anglais.

6 Ferries

Liaisons entre l'île de Hong Kong, les îles éloignées de l'archipel, Macao et la Chine. Les bateaux du Star Ferry *(p. 14-15)* font la navette entre Hong Kong et Tsim Sha Tsui, sur Kowloon, de 6 h 30 à 23 h 30. Le quai d'embarquement pour les îles se trouve à proximité de la jetée du Star Ferry à Central.

7 Tramways

Les anciens tramways en bois à impériale qui circulent d'ouest en est, de Kennedy Town à Chai Wan, sont lents, parfois bondés mais d'un pittoresque absolu. La façon la plus typique de parcourir la ville à des tarifs très raisonnables. Le légendaire Peak Tram *(p. 9)* part de Garden Road.

8 À pied

La marche reste le meilleur moyen d'explorer le centre de Hong Kong, ses parcs, les quartiers de Western, Mid-Levels, Wan Chai et la plus grande partie de Kowloon. Si les pentes sont parfois rudes, les distances sont courtes. En revanche, il peut être pénible de se déplacer à pied dans certains coins de Central et Admiralty, où s'entremêlent passages piétons et souterrains.

9 À bicyclette

À éviter en ville (embouteillages et pollution). En revanche, vous pouvez louer un vélo pour parcourir certains sentiers ruraux accidentés. Contactez la Hong Kong Cycling Association.

10 Conduite et location de voitures

Inutile à Hong Kong pour cause de stationnement impossible et de circulation démente. Pour les irréductibles, permis de conduire international obligatoire.

Adresses

Hong Kong Cycling Association
2504 8176.

Location de voitures
• *Avis 2892 2927.*
• *Hertz 2525 1313.*
• *Trinity 2563 6117.*

Mode d'emploi

Gauche **Cartes Octopus** Centre **Logo des informations touristiques** Droite **Bureau du HKTB**

🔟 Informations

HKTB
Des bureaux fort bien situés. Le Hong Kong Tourists Board (HKTB) offre brochures et conseils, dispose d'un site Internet et d'une ligne ouverte en plusieurs langues.

Sites Internet
Le site du HKTB *(Adresses)* doté d'une version française constitue un bon point de départ, avec le www.scmp.com du *South China Morning Post*. Service de renseignements sur www.hkt.com (en anglais).

Journaux
Le quotidien *South China Morning Post* couvre les nouvelles locales, chinoises et internationales. Le tabloïd *Standard* est moins pointu et plus audacieux, voire irrévérencieux.

Magazines locaux
Le *HK Magazine* offre chaque semaine des conseils et adresses (sorties, restaurants, bars). Le bimensuel *BC Magazine* est plus axé sur les boîtes de nuit. Gratuits et disponibles dans les bars et restaurants.

Radio et TV en langue anglaise
ATV World et TVB Pearl sont les deux chaînes hertziennes de langue anglaise ; RTHK est une radio indépendante financée par le service public. Sur RTHK 3 (567 AM, 1584 AM), informations

et programmes sur la finance et l'actualité. Sur RTHK 4 (96.7-98.9 FM), musique occidentale et chinoise classique. Sur RTHK 6 (675 AM), BBC World Service.

Livres et cartes
Le HKTB propose des plans gratuits de Hong Kong et des dépliants en plusieurs langues dont *A Guide to Quality Merchants*, *Hong Kong Access Guide for Disabled Visitors* (pour les handicapés) et *Exploring Hong Kong's Countryside*. Dans les Government Publications Centres, bonnes cartes de la collection « Countryside ».

Informations pour hommes d'affaires
Renseignements auprès du Hong Kong Trade Development Council (www.hktdc.com).

Faits et chiffres
Sur www.gov.hk, liens avec tous les départements du gouvernement et bonne approche du pays. Sur le site de la CIA, statistiques sur Hong Kong et la Chine (www.cia.gov/cia/publications/factbook/index.html). Voir aussi le site du gouvernement français : www.diplomatie.gouv.fr/fr/pays-zones-geo_833/chine_567/index.html

Météo et qualité de l'air
Météo du jour et prévisions à 3 jours sur la ligne ouverte et le site Internet du Hong Kong Observatory.

Météo et qualité de l'air sur le site du Weather Underground, www.underground.org.hk, et du *South China Morning Post*, http://weather.scmp.com.

Livres de route
Hong Kong, de Philippe Le Corre : une étude et un portrait fascinants de l'île juste avant la rétrocession. *Hong Kong éternelle*, de Marc Mangin et Thomas Renaut : tourisme et tradition aux portes de la Chine. Une approche plutôt culturelle et historique avec *Hong Kong : rendez-vous chinois*, de Denis Hiault.

Adresses

Site du HKTB
www.hktb.com

Bureaux du HKTB
Halls A/B de l'aéroport et Zone E2 • Tsim Sha Tsui, terminal du Star Ferry, Kowloon, t.l.j. 8h-18h • MTR Causeway Bay, t.l.j. 8h-20h.

Hotline du HKTB
2508 1234.

Government Publications Centres
4ᵉ étage, Murray Building, Garden Rd, Central, 2537 1910.

HK Observatory
2926 8200
• www.weather.gov.hk

Gauche **Rue animée à Central** Centre **Enseignes de bars *topless*** Droite **Bus**

TOP10 À éviter

1 Conduire dans Central à Hong Kong et Kowloon

La circulation est très dense. Marchez ou utilisez un autre moyen de transport.

2 Acheter des contrefaçons

La législation française est très sévère en matière de contrefaçons, qui sont considérées comme un délit de contrebande. Sachez qu'il peut vous en coûter, outre la saisie de la marchandise, une amende allant jusqu'à deux fois la valeur de l'original contrefait, voire des peines d'emprisonnement.

3 Le Peak un dimanche

Le week-end et notamment le dimanche, les queues s'allongent pour le Peak Tram et le site tout entier est pris d'assaut. Évitez aussi les jours nuageux, pour ne pas manquer les vues spectaculaires.

4 Manger ou boire dans le MTR

Les rues et les ports sont parfois jonchés de détritus mais le métro est un modèle de propreté. Il est interdit d'y boire ou d'y manger.

5 Bars à hôtesses de Wanchai ou Tsim Sha Tsui

Réservés à ceux qui veulent payer des suppléments-surprises sur des boissons déjà hors de prix. Encore prisés par les marins américains en permission.

6 Détention de drogue

Arrestation assurée pour tout détenteur de produits illicites (à Hong Kong, la loi ne fait aucune différence entre les divers types de drogues). Contrôles et descentes de police ponctuels dans certains quartiers comme Lan Kwai Fong.

7 Quartiers inconnus la nuit

Hong Kong est relativement sûre, mais n'allez pas tenter le diable en vous risquant la nuit dans les quartiers surpeuplés ou les rues désertes. Préférez le taxi à la marche à pied.

8 Quartiers engorgés

Les jours de *smog*, dans des quartiers comme Causeway Bay ou Central, la pollution se voit, se sent, se respire. Si l'indice de pollution dépasse la barre du 100, fuyez la ville pour la campagne ou pour les îles ou évitez les activités extérieures.

9 Prendre un bus sans monnaie

On ne rend pas la monnaie dans les bus. Faites l'appoint, procurez-vous une carte Octopus (p. 138) ou acceptez de perdre ce que l'on vous doit.

10 Laisser ses bagages sans surveillance

Ceux qui résident dans des endroits comme les Chungking Mansions (p. 152) ont tout intérêt à bien surveiller leurs affaires. Vols éventuels en perspective.

Adresses

Urgences générales
999.

Police
2527 7177.

Hospital Authority Enquiry Service
2300 6555
• www.ha.org.hk

Adventist Hospital
40 Stubbs Rd, Happy Valley, île de Hong Kong • *3651 8888.*

Caritas Medical Centre
111 Wing Hong St, Sham Shui Po
• *3408 7911.*

Matilda Hospital
41 Mount Kellett Rd, The Peak, île de Hong Kong • *2849 0123.*

Queen Mary Hospital
102 Pok Fu Lam Rd, île de Hong Kong
• *2855 3111.*

Cartes bancaires perdues ou volées
Amex 2277 1010
• *Mastercard 800 966 677 (numéro vert)*
• *Visa 800 900 782.*

Gauche **Scène de rue** Centre **Randonnée, sentier Wilson** Droite **Pharmacie traditionnelle**

🔟 Santé et sécurité

1 Hotlines pour étrangers
Lignes d'urgence et d'information efficaces, avec des interlocuteurs parlant des langues étrangères, surtout l'anglais.

2 Eau et précautions alimentaires
L'eau est potable. Lavez les fruits et les légumes à l'eau fraîche, et si vous avez une santé fragile, évitez la consommation de fruits de mer locaux (pollution et maladies). Beaucoup de restaurants servent des poissons « étrangers ».

3 Pollution de l'air
Malgré l'utilisation de carburants moins polluants qui améliore la qualité de l'air, l'indice de pollution dépasse encore parfois la barre fatidique du 100 (si vous avez des problèmes respiratoires, ne sortez pas). Mises à jour régulières de l'information sur http://weather.scmp.com

4 Pollution de l'eau et dangers de la baignade
Progrès lents dans le traitement des eaux souillées (par les égouts et les rivières chinoises polluées). Il y a de belles plages (la plupart sont entretenues par le gouvernement), mais la qualité de l'eau reste variable. Des algues toxiques rendent parfois la natation dangereuse. Préférez les plages surveillées et équipées de filets antirequins. À défaut, évitez les bains à l'aube ou au crépuscule, dans une eau sale, notamment si vous avez des blessures ouvertes.

5 Précautions
Si les touristes sont rarement la cible de vols ou de crimes, il est conseillé de prendre les précautions d'usage : garder près de soi ses biens personnels, utiliser les coffres des hôtels et ne pas laisser des biens précieux ou des papiers importants dans son sac.

6 Autres précautions
Pour les longs séjours, faire enregistrer son passeport auprès de son ambassade pour faciliter son remplacement en cas de perte ou de vol. Prévoir une assurance de voyage complémentaire si l'on se déplace avec des biens de valeur.

7 Contre l'humidité et la chaleur
Il est vital de s'hydrater à tout moment et en particulier pendant les mois d'été étouffants et humides. Buvez beaucoup ; portez des vêtements légers en coton ; pensez à emporter un chapeau ou, à défaut, un parapluie que vous utiliserez en guise d'ombrelle. Enfin, si la chaleur vous incommode réellement, limitez vos activités pendant les heures les plus chaudes et allez respirer sur la côte ou à Victoria Peak.

8 Qu'emporter en randonnée
Attention à la transpiration et à la déshydratation ! Emportez beaucoup d'eau, une bonne carte, votre téléphone portable et de la monnaie pour les transports. Vêtements et chaussures adaptés sont indispensables sur les sentiers de randonnée ; les mouchoirs en papier peuvent être utiles dans certaines toilettes « rustiques ». Pensez aux vêtements imperméables en hiver.

9 Hôpitaux et urgences
Le Caritas Medical Centre et le Queen Mary Hospital disposent tous deux d'un service d'urgence ouvert 24h/24.

10 Médecins et dentistes
L'Adventist Hospital et le Matilda Hospital, privés, disposent d'un personnel bilingue (cantonais/anglais), de services de consultations externes pour les femmes et les voyageurs, d'une maternité et d'une clinique dentaire. Consultez l'annuaire pour connaître les médecins et dentistes parlant une langue étrangère.

De gauche à droite **vitrail ; distributeur de billets ; cabines téléphoniques ; homme au téléphone**

TOP 10 Banques et communications

1 Banques, DAB et cartes bancaires

Nombreux distributeurs automatiques (24h/24) et banques (ouvertes de 9 h à 16 h 30 du lundi au vendredi et de 9 h à 12 h 30 le samedi). Cartes bancaires largement acceptées.

2 Change et transfert d'argent

Retirer de l'argent dans un distributeur est plus avantageux que le change ou le chèque de voyage. Transfert d'argent dans les banques locales ou chez Western Union.

3 Poste

Elle est rapide et efficace. Pour un courrier local, comptez 1 à 2 jours ; pour la zone 1 par avion (toute l'Asie sauf le Japon), 3 à 5 jours ; pour la zone 2 (reste du monde), 5 à 7 jours. Service de poste restante au General Post Office de Hong Kong.

4 Téléphones

Beaucoup d'hôtels et de magasins mettent des téléphones gratuits à disposition de leur clientèle pour les appels locaux. Un appel en cabine publique à pièces coûte au minimum 1 HK$. Certaines acceptent les cartes bancaires et disposent de services Internet. Cartes téléphoniques en vente dans de nombreux magasins et distributeurs, sur les quais du Star Ferry et au HKTB *(p. 139)*.

5 Appeler Hong Kong

Le code international de Hong Kong est le 852 ; pour Macao composez le 853 et pour la Chine le 86. Hong Kong et Macao n'ont pas d'indicatif, mais celui de Guangzhou est 020 et celui de Shenzhen 0755.

6 Téléphones portables

Hong Kong est équipé d'un réseau GSM et la plupart des téléphones portables fonctionnent. Toutefois, les Américains du Nord devront avoir un téléphone tri- ou quadri-bandes « débloqué ». Plusieurs compagnies locales vendent des cartes SIM « nomades », ce qui revient beaucoup moins cher que les tarifs de votre opérateur.

7 Accès Internet local

L'accès au Net est généralisé, pratique et peu coûteux, voire souvent gratuit *(p. 143)*. La plus grande partie de Hong Kong est équipée d'un système à haut débit, notamment les grands hôtels qui, pour la plupart, disposent de connexions dans leurs chambres.

8 Hong Kong Central Library

Il est possible d'aller consulter gratuitement des centaines de journaux et de magazines du monde entier à la nouvelle bibliothèque rutilante de Causeway Bay. Accès à Internet rapide et gratuit (réservation par tranche de 1 h). Café agréable avec tables à l'extérieur.

9 Fax

L'envoi de fax depuis les business centres et les boutiques de photocopies est simple mais coûteux. Plus économique à l'hôtel, qui peut aussi les recevoir.

10 Équipements pour hommes d'affaires

Équipements et services très au point. Consultez l'annuaire. Possibilité de faire imprimer des cartes de visite sur Man Wa Lane, à Sheung Wan, et sur Des Vœux Road West. Faites traduire le texte en chinois au dos de la carte.

Adresses

Appels en PCV
10010.

Renseignements
1081.

General Post Office
*2 Connaught Place,
île de Hong Kong
• 2921 2222.*

**PCCW location
de téléphones**
2888 0008.

Bibliothèque centrale
*66 Causeway Bay Rd,
île de Hong Kong
• 3150 1234.*

Western Union
Star Ferry 2367 7065.

United Centre
*95 Queensway, île de
Hong-Kong • 2528 5631.*

Gauche **Temple** Centre **Vendeur d'en-cas bon marché** Droite **Tai-chi**

TOP10 Hong Kong pour petits budgets

1 Repas bon marché
Profusion d'échoppes et de restaurants chinois à trois sous. Bon prix aussi dans les chaînes de fast-foods. Pour le déjeuner, outre les nombreux buffets à volonté, essayez les cantines de Reclamation Street, au marché de nuit de Temple Street : plats de nouilles ou de riz très bon marché *(p. 19)*.

2 Soirées économiques
Avant la ruée du soir, la plupart des bars pratiquent le *happy hours* ; certaines nuits, boissons gratuites pour les femmes. Les soirs de courses, plongez-vous dans l'ambiance frénétique de l'hippodrome de Happy Valley en savourant une bière *(p. 12-13)*.

3 Journées économiques
Le choix ne manque pas : parcourez les sentiers sauvages de Hong Kong *(p. 46-47)*, le Dragon's Back pour aller à Shek O *(p. 74)*, ou flânez sur le marché de Stanley *(p. 16)*. Tout cela coûte le prix d'un ticket de bus et d'un déjeuner bon marché… à digérer sur la plage le temps d'une sieste !

4 Gratte-ciel, musées et galeries gratuits
Pour une vue vertigineuse depuis les immeubles les plus hauts du monde, montez au 47e étage de la Bank of China, à Central *(p. 42)*. Les galeries d'art

et les musées sont étonnamment bon marché ; entrée gratuite un jour par semaine dans tous les musées, tous les jours dans certains.

5 Parcs et jardins gratuits
N'hésitez pas à faire un tour au Hong Kong Park *(p. 59)*, avec la superbe volière Edward Youde et les jardins botanique et zoologique *(p. 54)*. Entrée gratuite sur l'ensemble des sites, qui tous méritent une visite.

6 Cours gratuits de tai-chi
Les lundi, mercredi, jeudi et vendredi matin tôt, cours gratuits de tai-chi, art martial traditionnel aux mouvements lents et gracieux, en face du musée d'Art *(p. 33)*.

7 Temples
Les nombreux temples de Hong Kong sont gratuits (mais les dons sont bienvenus). Visitez le temple de Man Mo, sur Hollywood Road *(p. 61)*, le temple de Tin Hau sur Nathan Road, à Yau Ma Tei *(p. 89)*, et le temple de Wong Tai Sin, à l'est de Kowloon *(p. 95)*.

8 Appels gratuits et accès Internet
Les appels locaux sont généralement gratuits, y compris depuis le hall de certains hôtels. Ils sont payants depuis les cabines téléphoniques

et les chambres d'hôtel. Au centre d'affaires du Convention Centre et à la bibliothèque principale de Causeway Bay, l'accès au Net est rapide et gratuit.

9 Événements culturels gratuits
Pour assister à des concerts gratuits, rendez-vous au foyer du Cultural Centre de Hong Kong *(p. 82-83)* le jeudi à midi et certains samedis. Le week-end, le Fringe Club *(p. 64)* propose parfois des concerts *live*, gratuits, de groupes locaux ou extérieurs. Au Hong Kong Arts Centre, à Tsim Sha Tsui, expositions régulières et gratuites d'œuvres d'artistes et de photographes locaux.

10 Hébergements à prix modiques
Pour un logement central, bon marché mais parfois sordide, essayez les Chungking Mansions et leurs petites sœurs, les Mirador Mansions, sur Nathan Road à Tsim Sha Tsui. Ceux qui recherchent la gamme supérieure iront au YMCA et à la Youth Hostel Association *(p. 146, 151 et 152)*.

Adresses

YMCA
2268 7888.

Youth Hostel Association
2788 1638.

Gauche **Cordonnier** Centre **Landmark Centre** Droite **Masque-souvenir d'opéra**

🔟 Faire des achats

1 Horaires d'ouverture
La plupart des magasins ouvrent tous les jours, généralement de 10 h 30 à 18 h 30, sauf dans les quartiers commerçants animés où ils ne ferment jamais avant 21 h 30, voire au-delà.

2 Taxes
Une taxe à la consommation de 3 % est envisagée, mais à ce jour seuls les produits de beauté, les alcools, les cigarettes et les voitures sont taxés.

3 Quand marchander
Il est souvent intéressant de marchander dans les petits magasins, notamment les boutiques de matériel informatique et électronique. Ne pas hésiter à négocier les ordinateurs ou les antiquités. Sur les marchés, marchandage obligatoire pour les souvenirs, les antiquités et les cadeaux.

4 Symbole QTS
Ce « Q » en or avec un trait noir signifie que la boutique a été agréée par le Hong Kong Productivity Council Audit. Signe de qualité du commerce, de ses services, de son environnement et sa connaissance du produit.

5 Où trouver des grandes tailles
Certains Occidentaux, notamment les femmes, trouvent trop justes les chaussures fabriquées pour le marché asiatique. N'hésitez pas à demander si votre pointure est en réserve. Vous rencontrerez moins de problèmes pour les vêtements. Bonne sélection de tailles dans les magasins Marks & Spencer.

6 Trouver un tailleur
Des dizaines de tailleurs peuvent réaliser un costume sur mesure en 48 h ; mais qui dit très bon prix dit en général tissu de moins bonne qualité et travail bâclé. Pour être sûr du résultat, choisissez un tailleur connu (Sam's Tailor ou A-Man Hing Cheong, du Mandarin Hotel). Pour les *cheongsam* sur mesure, allez chez Shanghai Tang.

7 Shopping bon marché
Faites un tour sur les marchés de Lai Chi Kok et Sham Shui Po, chez Giordano et Bossini, deux chaînes omniprésentes qui proposent des articles de style Gap, d'un bon rapport qualité/prix. Pour les articles de créateurs, fortes remises aux 4e, 5e et 6e étages du Pedder Building (p. 63), à Central, et au magasin d'usine de Joyce, sur Ap Lei Chau (p. 76).

8 Passer la frontière
Procurez-vous un visa pour la Chine (p. 136) et allez à Shenzhen (p. 126-129), royaume du vêtement bon marché. Si vous êtes prêt à discuter âprement les prix pour chaque article et à vous livrer à des débauches d'achats, votre voyage sera amorti.

9 Contrefaçons
Contrefaçons de grandes marques, montres ou vêtements, fleurissent sur tous les marchés hong-kongais et notamment à Shenzhen. À n'acheter sous aucun prétexte.

10 Évitez les « arnaques »
Lors de l'achat d'un appareil photo, d'un ordinateur ou de tout autre article électronique, surtout dans les boutiques de Tsim Sha Tsui, demandez s'il y a bien une garantie, si elle est valable à l'étranger et si les accessoires indispensables sont inclus dans le prix.

Adresses

A-Ming Hing Cheong
Mandarin Oriental, 5 Connaught Rd, Central, île de Hong Kong • 2522 3336.

Sam's Tailor
94 Nathan Rd, Tsim Sha Tsui • 2367 9423.

Shangai Tang
12 Pedder St, Central, île de Hong Kong • 2525 7333.

Gauche **Happy Valley** Droite **Pont suspendu de Tsing Ma**

🔟 Excursions

1 Excursions en car
L'Heritage Tour propose une excursion de 5 h avec aperçu des temples, manoirs ancestraux et villages fortifiés ; le Land Between Tour (quotidien), une visite de divers marchés ruraux, des villages de pêcheurs et du plus haut sommet de Hong Kong. HKTB peut effectuer une réservation.

2 Kaléidoscope culturel
Excursions et conférences gratuites, avec des spécialistes de la culture locale, de la médecine traditionnelle chinoise et du feng shui, pour une excellente approche de la culture traditionnelle chinoise et hong-kongaise. Conférences quotidiennes sur des sujets différents. Consultez le HKTB.

3 Promenade en solitaire
À deux pas des gratte-ciel de Central, le Western Walking Tour ouvre les portes d'un univers de boutiques de poissons séchés, d'herboristeries et de temples. À faire seul, muni d'une brochure disponible au HKTB. Le sentier éloigné du Lung Yuek Heritage permet de découvrir d'élégants manoirs et de minuscules villages fortifiés encore habités, lors d'une promenade fascinante depuis le temple de Fung Ying Sin Koon.

4 Observer les dauphins
Une excursion de 4 h, le long des côtes de Lantau, pour apercevoir des dauphins roses, en voie de disparition. Si vous n'en voyez pas, le retour sera gratuit.

5 Musées et galeries
Pour visiter les musées et galeries de Hong Kong, le plus simple est d'utiliser la navette qui circule entre les musées d'Art, des Sciences, de l'Espace et d'Histoire de Isim Sha Tsui et l'impressionnant et récent Heritage Museum de Sha Tin. Il existe un passe d'une semaine incluant le transport (navette mercredi, vendredi et dimanche de 10 h à 18 h) et l'entrée illimitée dans tous les musées (HKTB).

6 Visite du port
Choix important de croisières pour pouvoir contempler, de nuit comme de jour, le panorama de Central depuis le port ou passer sous le pont suspendu de Tsing Ma. Consultez le HKTB.

7 Courses de chevaux
Sentir la terre trembler au rythme sourd des sabots sous les hurlements de la foule est un grand moment de la nuit hong-kongaise. Excursions organisées par Splendid Tours les soirs de courses *(p. 12-13 et 101)*.

8 Balades locales
Des informations sur les promenades à faire sont disponibles sur le site du HKTB, www.hktb.com, et dans une brochure publiée deux fois par an et disponible gratuitement dans les bureaux du HKTB à Hong Kong et à l'étranger.

9 Location de jonques
Si l'argent n'est pas un problème, louez une jonque pour partir à la découverte des îles et des plages isolées. Adresses dans l'annuaire.

10 Tour d'hélicoptère
Pour découvrir les panoramas les plus saisissants de Hong Kong, le HKTB recommande Grayline Tours pour une balade en hélicoptère de 15 min, suivie d'un déjeuner, d'une promenade en sampan et d'un voyage en tram jusqu'au Peak. Heliservices Air Tours propose aussi des tours de 30 min ou de 1 h au-dessus du port, de Kowloon et de Lantau.

Adresses

HKTB
Informations visiteurs,
t.l.j. 7h-21h • 2508 1234.

Hong Kong Dolphinwatch
2984 1414.

Grayline Tours
2368 7111.

Heliservices Air Tours
2802 0200.

Gauche **YMCA** Centre **Serveur, Peninsula** Droite **Piscine du Peninsula**

Hébergements

1 Comment réserver

Il est souvent plus avantageux de passer par une agence ou le HKTB que de se présenter soi-même dans un hôtel. Services de réservation sur de nombreux sites Internet *(p. 137)*. Informations auprès de la Hong Kong Hotel Association.

2 Haute saison

En octobre et avril, période des salons, les prix ont tendance à grimper et les hôtels à se remplir. Si vous en avez la possibilité, évitez ces deux mois ou effectuez vos réservations longtemps à l'avance.

3 Prestations incluses

L'utilisation des salles de gym et des piscines est généralement incluse dans le prix de la chambre, mais pas le petit déjeuner, sauf dans les hôtels de standing. Dans tous les hôtels (sauf les moins chers), une taxe de 3 % et 10 % de service sont facturés en plus ; enfin, si les appels locaux sont gratuits dans les cabines publiques, ils sont payants depuis toutes les chambres d'hôtel.

4 Hébergements bon marché

N'ayez pas peur du nom : le YMCA de Tsim Sha Tsui *(p. 151)* est bien équipé et offre des points de vue fantastiques ; vous pouvez aussi essayer la Anne Black Guest House (2 étoiles), près de Temple Street à Kowloon *(autres adresses p. 151-152)*.

5 Arrivées tardives

De 6 h à 1 h du matin, les bureaux d'information des halls d'arrivée A et B de l'aéroport vous accueillent. Les cœurs bien accrochés peuvent se risquer dans les Chungking et Mirador Mansions de Nathan Road *(p. 152)*.

6 Sites Internet

Les sites proposés dans les adresses ci-contre pour les réservations sont simples d'utilisation. Offres et réductions jusqu'à 60 %.

7 Voyage en solo

À la Anne Black Guest House, plusieurs chambres simples, propres et bon marché. Les budgets plus limités peuvent tenter les pensions moins séduisantes (mais deux fois moins chères) des Chungking Mansions *(p. 152)*.

8 Familles

Service de baby-sitting dans la plupart des grands hôtels. Au YMCA *(p. 151)*, quelques suites à très bon prix.

9 Prix long séjour

Nombre d'hôtels offrent des réductions très intéressantes pour des séjours de 1 mois ou plus.

Pour les longs séjours, il peut être plus avantageux de louer un appartement *(ci-dessous)*. Très bonnes offres mensuelles au Wesley, à Wan Chai.

10 Apart'-hôtels

Le Shama Group propose des appartements-hôtels à Central. Ceux qui veulent fuir la ville trouveront sur l'île verdoyante et sans gratte-ciel de Lamma de petits appartements simples, proches des plages, des bars et des restaurants.

Adresses

Hong Kong Hotel Association
Informations 2375 3838
• *réservations 2769 8822*
ou 2383 8380
• *www.hkha.org*

Anne Black Guest House
2713 9211.

Sites Internet
• *www.accomline.com*
• *www.asiatravel.com*
• *www.lastminute.com*
• *www.rentaroomhk.com*

Shama Group
2522 3082 • www.shama. com

YMCA
41 Salisbury Rd, Tsim Sha Tsui • 2268 7888.

The Wesley
22 Hennessy Rd, Wan Chai • 2866 6688.

Mode d'emploi

Catégories de prix

Prix moyen par nuit pour	**$** moins de 500 HK$
une chambre double	**$$** de 500 à 1 000 HK$
standard (avec ou sans	**$$$** de 1 000 à 2 000 HK$
petit déjeuner inclus),	**$$$$** de 2 000 à 2 500 HK$
taxes et service compris.	**$$$$$** plus de 2 500 HK$

Gauche **Bar du Shangri-La** Droite **Mandarin Oriental**

Palaces

The Peninsula
Une institution.
Le bâtiment néoclassique du Peninsula domine le port de Victoria depuis 1928. Luxe raffiné, service excellent et personnel chaleureux (p. 81). ⚲ Salisbury Rd, Kowloon • plan N4 • 2920 2888 • www.peninsula. com • $$$$$.

Mandarin Oriental HK
La rénovation tant attendue de l'un des plus grands hôtels de Hong Kong est un succès. Les parties communes, très animées, sont toujours l'un des points de rencontre les plus prisés de l'île. Les chambres, redécorées avec goût, ont conservé leur atmosphère élégante et possèdent les derniers équipements high-tech. ⚲ 5 Connaught Rd, Central • plan K4 • 2522 0111 • www. mandarinoriental.com • $$$$$.

InterContinental, Hong Kong
Ex-Regent, chouchou des riches et célèbres. Superbe et moderne, l'Intercontinental compte régulièrement parmi les meilleurs hôtels d'Asie. Vues sublimes sur le port depuis ses chambres immenses et raffinées. ⚲ 18 Salisbury Rd, Kowloon • plan N4 • 2721 1211 • www.hongkong-ic. intercontinental.com • $$$$$.

Island Shangri-La
Un vaste hall, des chandeliers immenses et un atrium décoré d'un incroyable paysage en soie, prélude à des chambres décorées avec élégance. Vues spectaculaires sur le Peak et le port. ⚲ Pacific Place, Central • plan M6 • 2877 3838 • www.shangri-la.com • $$$$$.

Conrad
Comparés aux gigantesques fleurs et aux insectes des fresques du hall, les clients paraissent minuscules. Au-delà du 40e étage, grandes chambres luxueuses avec vues grandioses sur le port et le Peak. ⚲ Pacific Place, Central • plan M6 • 2521 3838 • www. conradhotels1.hilton.com • $$$$$.

Grand Hyatt
Près du Convention Centre, c'est le seul lieu de Wan Chai où l'on peut jouir d'un luxe effréné. Parmi ses clients mondialement célèbres, l'ancien président des États-Unis Bill Clinton. Chambres modernes, dotées des derniers gadgets high-tech. ⚲ 1 Harbour Rd, Wan Chai • plan N5 • 2588 1234 • www.hongkong.hyatt.com • $$$$$.

The Landmark Mandarin Oriental
Des anciens bureaux reconvertis avec goût ont donné naissance aux plus grandes chambres d'Asie.

Baignoire ronde au niveau du sol, télévision haute définition et Internet. ⚲ 15 Queen's Rd Central, Central • plan L5 • 2132 0188 • www.mandarinoriental.com • $$$$$.

The Venetian
Sans doute l'hôtel le plus spectaculaire de Macao, ou quand Las Vegas rêve de l'Italie, mais avec des sampans au milieu des gondoles. Uniquement des suites, des boutiques spécialisées et un théâtre de 1 800 places. ⚲ Estrada dc Baia de N Senhora da Esperanza, Cotai Strip, Macao • 2882 8888 • www. venetianmacau.com • $$$.

Shangri-La, Kowloon
S'il n'atteint pas la qualité de son homologue de Hong Kong, le Shangri-La de Kowloon offre des prestations luxueuses à un prix très inférieur. Avec le tarif Club Horizon, maître d'hôtel et accès au salon privé. ⚲ 64 Mody Rd, Kowloon • plan P3 • 2721 2111 • www.shangri-la.com • $$$$$.

The Langham
Il règne ici une opulence contenue. Parmi les prestations, sauna, piscine, salle de gym et d'excellents restaurants, dont l'impressionnant Cantonese T'ang Court aux allures de tente mongole. ⚲ 8 Peking Rd, Tsim Sha Tsui, Kowloon • plan M4 • 2375 1133 • www.langham hotels.com • $$$$.

Mode d'emploi

Sauf indication contraire, tous les hôtels acceptent les cartes de paiement et les chambres disposent d'une salle de bains et de la climatisation.

Gauche **Holiday Inn Golden Mile** Centre **Sheraton** Droite **Regal Airport Hotel**

Hôtels de luxe

Wynn Macau

Ce vaste hôtel-casino propose des chambres aux plafonds hauts, décorées avec goût et offrant de larges vues. L'intérieur donne l'impression d'être dans un appartement chic et confortable plutôt que dans un hôtel. Écrans TV plats dissimulés et contrôle électronique généralisé. ◎ *Rua Cidade de Sintra, NAPE, Macao • 2888 9966 • www. wynnmacau.com • \$\$\$\$.*

Holiday Inn Golden Mile

Au cœur du Golden Mile, quartier commerçant de Kowloon, un hôtel aux nombreux bars et restaurants souvent très abordables, avec des chambres sans imagination mais confortables. Parmi ses prestations : piscine, salle de gym et service de baby-sitting. ◎ *50 Nathan Rd, Tsim Sha Tsui • plan N2 • 2369 3111 • www.ichotels group.com • \$\$\$\$.*

China Hotel, Guangzhou

Sans doute surpassé par le tout aussi gigantesque Garden Hotel, il demeure l'un des trois plus grands hôtels de Guangzhou, parfaitement situé à côté du parc des Expositions. Grand centre de remise en forme bien équipé, piscine extérieure, plusieurs cafés et restaurants corrects. ◎ *122 Liu Hua Lu, Guangzhou • 8666 6888 • www.marriott.com • \$\$\$.*

Royal Garden Hotel

Des chambres élégantes autour d'un atrium lumineux. Sur le toit, salle de gym, piscine, court de tennis, et un restaurant italien de classe internationale, Sabatini. ◎ *69 Mody Rd, Tsim Sha Tsui • plan P3 • 2721 5215 • www.theroyalgardenhotel. com • \$\$\$\$.*

Garden Hotel, Guangzhou

La profondeur du hall donne une idée de sa taille. Cet hôtel imposant de plus de 1 000 chambres possède son propre centre commercial, ainsi que des bars et restaurants de qualité. ◎ *368 Huangshi Dong Lu, Guangzhou • 8333 8989 • www.thegardenhotel. com.cn • \$\$\$.*

The Park Lane

Chambres de belle taille, la plupart avec vue. Internet et la télévision. Les chambres les plus luxueuses, très « tendance », sont dotées de salles de bains aux lavabos et murs de verre. ◎ *310 Gloucester Rd, Causeway Bay • plan Q5 • 2293 8888 • www. parklane.com • \$\$\$\$.*

The Excelsior

Chic, moderne et chaleureux, il dispose de toutes les prestations possibles et attendues dans un établissement de cette classe ; l'égal du Mandarin Oriental.

◎ *281 Gloucester Rd, Causeway Bay • plan Q5 • 2894 8888 • www. mandarinoriental.com/ excelsior • \$\$\$\$.*

Sheraton

Des chambres confortables mais banales. Mérite la catégorie « luxe » pour sa situation, centrale en front de mer, et pour ses nombreuses installations (salle de gym, piscine, spa et chaînes cinéma 24h/24). ◎ *20 Nathan Rd, Kowloon • plan N4 • 2369 1111 • www.starwoodhotels. com/ sheraton • \$\$\$\$\$.*

Shangri-La Hotel, Shenzhen

À proximité des quartiers commerciaux et de la gare, un agréable refuge après des heures de shopping et un lieu de repos idéal avec sa piscine installée sur le toit, sa salle de gym, son sauna et son hammam. ◎ *1002 Jianshe Lu, Shenzhen • plan D1 • 8233 0888 • www. shangri-la.com • \$\$\$.*

Harbour Plaza

Un hôtel merveilleux dont le handicap est d'être situé à Hung Hom. Grands lits et salles de bains luxueuses, dont certaines avec vue sur le port. Sur le toit, superbe piscine aux murs de verre. ◎ *23 Tak Fung St, Hung Hom • plan Q3 • 2621 3188 • www.harbour-plaza. com • \$\$\$.*

Mode d'emploi

Sauf indication contraire, tous les hôtels acceptent les cartes de paiement et les chambres disposent d'une salle de bains et de la climatisation.

Gauche **Kowloon Hotel** Droite **Kimberley Hotel**

Catégories de prix

Prix moyen par nuit pour une chambre double standard (avec ou sans petit déjeuner inclus), taxes et service compris.		
$	moins de 500 HK$
$$	de 500 à 1000 HK$
$$$	de 1000 à 2000 HK$
$$$$	de 2000 à 2500 HK$
$$$$$	plus de 2500 HK$

🔟 Hôtels à prix moyens – Hong Kong

1 Renaissance Harbour View

Une situation sur le front de mer, au-dessus du Convention and Exhibition Centre, idéale pour les voyageurs d'affaires. Les autres apprécieront ses jardins, les loisirs qu'il propose et ses prix raisonnables. 🕾 *1 Harbour Rd, Wan Chai • plan N5 • 2802 8888 • www.marriott.com • $$$.*

2 Kowloon Hotel

Rattaché au Harbour Plaza Group, cet hôtel est parfait pour les voyageurs d'affaires et tous ceux qui recherchent un bon emplacement et un Internet. Les chambres high-tech sont plutôt petites, légèrement démodées, avec ordinateurs et accès Internet. 🕾 *19-21 Nathan Rd, Tsim Sha Tsui, Kowloon • plan N4 • 2929 8888 • www.harbour-plaza.com • $$$.*

3 Empire Hotel Kowloon

Ouvert fin 2001, cet hôtel très chic offre un contraste saisissant avec son homologue défraîchi de Wan Chai. Salle de gym moderne, piscine dans l'atrium, chambres équipées des derniers gadgets Internet et audiovisuels. Idéal pour le shopping et les restaurants de TST. 🕾 *62 Kimberley Rd, Tsim Sha Tsui • plan N3 • 3692 2222 • www.empirehotel.com.hk • $$$.*

4 Kimberley Hotel

Un hall de marbre impressionnant, avec un centre d'affaires, un bar agréable et un café, autour d'une fontaine et d'un bassin avec des nénuphars. Chambres bien aménagées, salles de bains en marbre, practice de golf. 🕾 *28 Kimberley Rd, Tsim Sha Tsui • plan N3 • 2723 3888 • www.kimberleyhotel.com.hk • $$$.*

5 Regal Airport Hotel

Le plus grand hôtel de Hong Kong est directement relié à l'aéroport. Les chambres à la décoration avant-gardiste sont spacieuses. Dix bars et restaurants. 🕾 *9 Cheong Tat Rd, Chek Lap Kok • plan B5 • 2286 8888 • www.regalhotel.com • $$$.*

6 The Mira

L'ancien Miramar a fait l'objet d'une rénovation totale et résolument contemporaine. Grand hall au plafond de verre, chambres dotées d'un équipement dernier cri, piscine intérieure, centre de remise en forme, sauna et deux restaurants. 🕾 *118-130 Nathan Rd, Tsim Sha Tsui • plan N3 • 2368 1111 • www.themirahotel.com • $$$.*

7 The Luxe Manor

Cet hôtel-boutique raffiné de Kowloon associe un décor éclectique quasi irréel et un équipement high-tech. Les murs des chambres sont décorés de cadres qui montent jusqu'au plafond. WiFi et douches à effet de pluie. 🕾 *39 Kimberley Rd, Tsim Sha Tsui • plan N3 • 3763 8888 • www.theluxemanor.com • $$$.*

8 Eaton Hotel

De loin la meilleure adresse de Yau Ma Tei-Jordan. Les chambres, sont élégantes et possèdent fax et accès à l'Internet à haut débit. Le hall est très lumineux et offre une agréable oasis de verdure. 🕾 *380 Nathan Rd • plan N1 • 2782 1818 • www.hongkong.eaton-hotels.com • $$$.*

9 JIA Boutique Hotel

Niché au centre de Causeway Bay, l'hôtel-boutique JIA (« maison » en mandarin) a été décoré par Philippe Starck. Studios et deux-pièces sont l'image parfaite du luxe et du confort. 🕾 *1-5 Irving St, Causeway Bay • plan Q6 • 3196 9000 • www.jiahongkong.com • $$$.*

10 Bishop Lei International House

Lieu paisible proche d'un parc. Les chambres sont petites, pour le prix, mais on paie la proximité de l'Escalator. Forfaits long séjour. 🕾 *4 Robinson Rd, Mid-Levels • plan K6 • 2868 0828 • www.bishopleihtl.com.hk • $$$.*

Gauche **Holiday Inn, Macao** Centre **Metropole Hotel** Droite **New Century Hotel**

TOP10 Hôtels à prix moyens (Macao et Chine)

1 Holiday Inn

Proche des nombreux casinos du Lisboa et bien situé par rapport au centre-ville de Macao. Chambres câblées au mobilier passe-partout, mais prestations multiples : salle de gym, piscine, sauna et bon restaurant de cuisine cantonaise et sichuanaise. ◎ *Av. 82-86 Rua de Pequim, Macao • 2878 3333 • www.ichotelsgroup.com • \$\$\$.*

2 Metropole Hotel

Un hôtel vieilli, sans intérêt hormis la sensation distrayante d'une plongée dans les années 1970. S'il s'adresse aux Chinois plus qu'aux étrangers, il offre des prix intéressants et est situé à proximité des meilleurs sites touristiques de Macao. ◎ *Avenida de Praia Grande, Macao • 2838 8166 • www.mctshmi.com • \$\$.*

3 Hotel Royal, Macao

Un des plus vieux hôtels de la ville… et ça se voit ! Cela dit, les chambres sont simples mais correctes ; il est propre, dispose d'une piscine intérieure, d'une salle de gym (un peu vieillotte, elle aussi), d'un sauna, et il est proche du centre-ville. Belle vue sur le phare de Guia. ◎ *Estrada da Vitoria 2-4, Macao • 2855 2222 • www.hotelroyal.com.mo • \$\$.*

4 New Century Hotel

Un hôtel de joueurs typique, avec du chintz et du marbre en abondance. Cependant, il se dresse dans l'ombre du superbe Hyatt et offre d'excellentes prestations, de grandes chambres. ◎ *Av. Padre Tomas Pereira 889, Taipa, Macao • 2833 1111• www.newcenturyhotel-macau.com • \$\$\$.*

5 Guangdong Victory Hotel

Sur l'île de Shamian, l'ancien hôtel Victoria est composé du bâtiment colonial d'origine et d'un nouveau bâtiment principal néoclassique. Parmi ses atouts, espace affaires, piscine et sauna. ◎ *53 Shamian Bei Jie, Guangzhou • 8121 6688 • www.vhotel.com • \$\$.*

6 Guangdong Hotel, Shenzhen

Une adresse correcte. Prestations limitées, mais les chambres sont simples et confortables. Restaurant modeste, élégant centre d'affaires de style japonais. ◎ *3033 Shannandong Rd, Shenzhen • 8222 8339 • \$\$.*

7 Century Plaza Hotel

Hôtel convenable au cœur de Shenzhen. Chambres spacieuses et câblées, piscine, sauna, gymnase et karaoké. ◎ *Kin Chit Rd, Shenzhen • 8232 0888 • \$\$\$.*

8 Crowne Plaza Hotel and Suites Landmark Shenzhen

Cet hôtel offre des chambres luxueuses et de multiples prestations dont un centre de remise en forme, un practice de golf, un gymnase et un accès WiFi. ◎ *3018 Nanhu Rd, Shenzhen • 8217 2288 • www.ichotelsgroup.com • \$\$\$.*

9 The Panglin Hotel

Élégant, vaste et moderne, le Panglin est l'un des meilleurs hôtels de Shenzhen, situé à environ 4 km de la gare. Chambres de taille raisonnable et câblées, prestations variées : service de navette pour la gare, baby-sitting, service en chambre 24h/24. Le restaurant tournant Skylounge, à son sommet, est le plus haut de Shenzhen. ◎ *2002 Jiabin Lu, Luo Hu, Shenzhen • 2518 5888 • www.panglin-hotel.com • \$\$\$.*

10 Best Western Shenzhen Felicity Hotel

Un établissement correct, assez bien situé, doté de sa propre galerie d'art. Il offre un bon rapport qualité/prix et des prestations de haut niveau : espace affaires, piscine, sauna, salle de gym, et quatre restaurants. ◎ *1085 Heping Lu, Shenzhen • 2558 6333 • www.bestwestern.com • \$\$\$.*

Mode d'emploi

150

Nathan Road

🔟 Hôtels de bon rapport qualité/prix

1 The Salisbury YMCA

Ne vous laissez pas décourager par les initiales. Rapport qualité/prix, vue et situation (à deux pas du Peninsula) imbattables. Chambres spacieuses, bien aménagées, équipées de fax, ordinateurs portables, TV par câble et satellite. Grande piscine, sauna, salle de gym, mur d'escalade, formidables suites familiales et quelques lits en dortoirs haut de gamme.
🗺 *41 Salisbury Rd, Tsim Sha Tsui • plan N4 • 2268 7000 • www.ymcahk.org. hk • $$.*

2 BP International House

Des chambres plutôt petites, un papier années 1980 hideux et des lits minuscules. Toutefois, l'hôtel est propre, bon marché et les vues sur le parc de Kowloon sont jolies. 🗺 *8 Austin Rd, Tsim Sha Tsui • plan M2 • 2376 1111 • www.bpih. com.hk • $$.*

3 The Wharney Guang Dong Hotel

Au cœur du centre chic de Wan Chai, un hôtel au cadre correct, avec une piscine, une salle de gym rénovée, un sauna, un espace affaires et deux restaurants. Les chambres sont un peu petites, mais bien aménagées.
🗺 *57-73 Lockhart Rd, Wan Chai • plan N6 • 2861 1000 • www.gdhotels.com • $$$.*

4 The Fleming

Idéal pour les familles, cet hôtel propose des chambres agréables à prix raisonnables, souvent équipées d'une kitchenette. Il est aussi bien situé, à proximité du Hong Kong Convention and Exhibition Centre et des ferries pour Kowloon. 🗺 *41 Fleming Rd, Wan Chai • plan N6 • 3607 2288 • www. thefleming.com.hk • $$$.*

5 Garden View International House

Étant donné sa situation, ses prix sont raisonnables, d'autant plus si l'on y séjourne longtemps (2 semaines et plus). Remises de 30 à 50 % possibles en basse saison. Les chambres sont plutôt petites et la décoration date des années 1980.
🗺 *1 Macdonnell Rd • plan K6 • 2877 3737 • www.ywca.org.hk • $$$*

6 Shamrock

Un hall austère sur Nathan Road et quelques grandes chambres climatisées avec TV par satellite et téléphone.
🗺 *23 Nathan Rd • plan N4 • 2735 2271 • www. shamrockhotel.com.hk • $$.*

7 Harbour View International Hotel

Une YMCA modeste tenue par des Chinois qui font payer très cher sa situation. Baignoires pour Lilliputiens ; possibilité de remises pendant la basse saison.
🗺 *4 Harbour Rd, Wan Chai • plan N5 • 2802 0111 • www.theharbourview. com.hk • $$$.*

8 2 Macdonnell Road

Bien situé dans Central, cet hôtel d'un excellent rapport qualité/prix dispose de chambres agréables, bien équipées, avec kitchenette, et de superbes vues sur la ville et le port, au-delà des Jardins zoologique et botanique. Forfaits longue durée (p. 153). 🗺 *2 Macdonnell Rd, Central • plan K6 • 2132 2132 • www.twomr. com.hk • $$$.*

9 Empire Hotel

Au cœur de Wan Chai, l'Empire Hotel fait payer sa situation plus que le luxe de ses prestations, comme le rappellent ses installations bon marché. En revanche, les prix sont compétitifs et le service satisfaisant. Petite piscine correcte sur le toit et salle de gym. Accès Internet.
🗺 *33 Hennessy Rd, Wan Chai • plan N6 • 3692 2111 • www.empirehotel.com.hk • $$.*

10 Rosedale on the Park

Un établissement soigné et moderne, qui se définit comme un « cyber-hôtel-boutique ». Chambres petites mais bien agencées avec accès Internet. Belles vues sur Victoria Park.
🗺 *8 Shelter St, Causeway Bay • plan Q6 • 2127 8888 • www.rosedale.com.hk • $$$.*

Gauche **Plover Cove** Droite **Les célèbres Chungking Mansions**

⑩ Hébergements bon marché

1 Anne Black Guest House

Si la situation vous importe peu, la Anne Black Guest House, tenue par la YMCA et perdue à Mong Kok, est une bonne adresse. Les chambres (certaines avec salle de bains commune) sont rudimentaires, mais climatisées et propres. TV et téléphone. ◎ 5 Man Fuk Rd, Kowloon • plan E4 • 2713 9211 • www.ywca.org • $$.

2 Booth Lodge

Tenu par l'Armée du Salut, un hôtel aux chambres climatisées avec salle de bains, frigo, et TV ; les prestations à peine satisfaisantes sont compensées par les prix et la situation. ◎ 11 Wing Sing Lane, Yau Ma Tei, Kowloon • plan N1 • 2771 9266 • http://boothlodge. salvation.org • $$.

3 Caritas Bianchi Lodge

Comme au Booth Lodge voisin, les seules distractions y sont la chapelle et le café-restaurant. Mais les prix sont plus intéressants et les chambres spacieuses. ◎ 4 Cliff Rd, Yau Ma Tei, Kowloon • plan N1 • 2388 1111 • www.caritas-chs. org.hk • $$.

4 New Kings Hotel

Bien situé, mais dans un quartier hétéroclite et bruyant. Les chambres sont petites mais propres, et la vue sans charme.

◎ 473 Nathan Rd, Yau Ma Tei, Kowloon • plan N1 • 2780 1281 • $$.

5 Holy Carpenter Guest House

Bien que situé à Hong Hum, un bon choix comparé aux pensions bas de gamme des Chungking et Mirador Mansions. Les chambres doubles et triples, basiques, sont équipées de TV, téléphone, salle de bains, et climatisation. ◎ 1 Dyer Ave, Hung Hom, Kowloon • plan R2 • 2362 0301 • $$.

6 Bradbury Hall Hostel

Un hôtel perdu, avec des dortoirs comme à l'armée. Si vous avez une tente, marchez un peu et allez vous installer sur les jolies plages voisines de Tai Long Wan. ◎ Chek Keng, Sai Kung, Nouveaux Territoires • plan F3 • 2328 2458 • $.

7 Bradbury Lodge Youth Hostel

Auberge très agréable, pour ceux qui veulent explorer les magnifiques paysages de Plover Cove. Chambres simples, doubles ou triples et dortoirs climatisés. ◎ Tai Mei Tuk, Nouveaux Territoires • plan F2 • 2662 5123 • www.yha.org.hk • $.

8 Pak Sha O Hostel

Situé au cœur de la nature, un hôtel fonctionnel pour randonneurs. Dortoirs, vues fantastiques et possibilité d'y camper.

◎ Pak Sha O, Hoi Ha Rd, Nouveaux Territoires • plan F2 • 2328 2327 • $.

9 Sze Lok Yuen Hostel

Au sommet du Tai Mo Sham, la plus haute montagne de Hong Kong. Pour les randonneurs, vues spectaculaires, mais dortoirs rudimentaires sans ventilateurs ni climatisation. À cette altitude, il fait plus frais qu'ailleurs, sauf pendant les mois les plus chauds. Camping possible. ◎ Tai Mo Shan, Tseun Wan, Nouveaux Territoires • plan D3 • 2488 8188 • www.yha.org.hk • $.

10 Chungking House, Chungking Mansions

Très bien situé. Certains voyageurs à petit budget mettent un point d'honneur à y résider. Pour d'autres, ce séjour est une nécessité désagréable (p. 82). Des passages sales et miteux mènent à une succession de pensions aux chambres minuscules et étouffantes. Ce labyrinthe de petits commerces, cœur du brassage culturel de Hong Kong, est à la fois fascinant et oppressant. Avec des chambres plus spacieuses et confortables, Chungking House est la meilleure adresse du coin. ◎ Bloc 4A/5F, 40 Nathan Rd, Tsim Sha Tsui • plan N4 • 2366 5362 • $$.

Sauf indication contraire, tous les hôtels acceptent les cartes de paiement et les chambres disposent d'une salle de bains et de la climatisation.

Repulse Bay

Catégories de prix

Prix moyen par nuit pour une chambre double standard (avec ou sans petit déjeuner inclus), taxes et service compris.	**$** moins de 500 HK$
	**$$** de 500 à 1 000 HK$
	**$$$** de 1 000 à 2 000 HK$
	**$$$$** de 2 000 à 2 500 HK$
	**$$$$$** plus de 2 500 HK$

⭐🔟 Hôtels de long séjour

22 Peel St
Un immeuble moderne, situé dans le centre, au-dessus d'un marché animé, avec des studios douillets et des appartements spacieux, joliment meublés. Femme de ménage pour 250 HK$, accès Internet mensuel à haut débit illimité. 🕲 *22 Peel St, Central • plan K5 • 2522 3082 • 20 900-56 000 HK$/mois.*

The Wesley
Central, offrant des séjours longue durée très compétitifs, mais avec des installations fatiguées et des chambres exiguës. Appels locaux, ménage, kitchenette et utilisation de la piscine et de la salle de gym de l'hôtel jumeau de Quarry Bay compris dans le forfait. 🕲 *22 Hennessy Rd, Wan Chai • plan N6 • 2866 6688 • www.hanglung. com • 7 800 -25 000 HK$/ mois.*

2 Macdonnell Road
Il est beaucoup plus chic que le Garden View voisin, et les séjours longue durée y sont à peine plus chers. Bonne situation, vues sur la ville et le port, et forfait incluant ménage, appels locaux, salle de gym, TV par câble et satellite, kitchenette et navette pour Central. 🕲 *2 Macdonnell Rd, Central • plan K6 • 2132 2132 • www.twomr.com • 16 500-25 000 HK$/mois.*

Atrium
Un service digne d'un cinq-étoiles. Appartements de standing joliment meublés, centre de remise en forme, piscine extérieure chauffée et service en chambre 24h/24. Domine Pacific Place et jouit de vues sublimes sur la ville. 🕲 *Pacific Place, 88 Queensway • plan M6 • 2844 8361 • www.pacific-place.com.hk • 54 000-76 300 HK$/mois.*

Repulse Bay
Des appartements en duplex haut de gamme, situés sur la paisible Repulse Bay, à seulement 20 min de Central. On dit que le trou dans l'une de ses tours promet un bon feng shui. 🕲 *Repulse Bay • plan E5 • 2292 2829 • www.therepulsebay.com • 65 000-82 000 HK$/mois.*

The Bay Bridge
Des studios et des appartements charmants avec kitchenette et douche, mais situés à Tsuen Wan ; à éviter, donc, pour ceux qui rêvent de vivre au cœur de l'action. 🕲 *123 Castle Peak Rd, Yau Kom Tau, Tsuen Wan, Kowloon • plan D3 • 2945 1111 • 6 800-12 500 HK$/mois.*

Staunton
Ces petits studios et appartements d'une ou deux pièces, accueillants, bien équipés, sont à deux pas de l'Escalator et de ses bars et restaurants. Installations élégantes, avec des touches décoratives de style chinois. 🕲 *Staunton St, Central • plan K5 • 2522 3082 • www.shama. com • 22 000-37 000 HK$/ mois.*

Garden View International House
À partir de 2 semaines, tarifs séjours longue durée très intéressants incluant ménage, appels locaux gratuits et navette pour Central. Mais décoration années 1980 usée et chambres étroites. 🕲 *1 Macdonnell Rd • plan K6 • 2877 3737 • www.ywca.org.uk • 1 000 HK$ • $$$.*

Rosedale on the Park
Un hôtel dont les chambres sont petites mais bien conçues. Connexion Internet à haut débit, kitchenette et petite salle de gym. 🕲 *8 Shelter St, Causeway Bay • plan Q6 • 2127 8639 • www.rosedale.com.hk • 14 500 HK$/mois.*

La Salle Court
Les studios et les appartements d'une ou deux pièces sont équipés de TV, frigo, cuisinière et four. On n'y trouve ni piscine ni salle de gym, mais le parc voisin possède une piscine publique. 🕲 *30 La Salle Rd, Kowloon Tong • plan E4 • 2338 3899 • 8 000-28 000 HK$/ mois.*

Catégories de prix

Prix moyen par nuit   **$** moins de 500 HK$
pour une chambre double **$$** de 500 à 1 000 HK$
standard (avec ou sans **$$$** de 1 000 à 2 000 HK$
petit déjeuner inclus), **$$$$** de 2 000 à 2 500 HK$
taxes et service compris. **$$$$$** plus de 2 500 HK$

Gauche **Warwick Hotel** Droite **Restaurant du Harbour Plaza Resort City**

₁₀ Escapades

Mode d'emploi

1 Hong Kong Gold Coast Hotel
L'extérieur est assez laid, mais les chambres sont bien équipées et jouissent toutes d'une vue sur la mer. Piscine, courts de tennis et piste de jogging. ◈ *1 Castle Peak Rd, Kowloon • plan B3 • 2452 8888 • www.sino-hotels.com • $$$.*

2 Warwick Hotel
Comparée aux prix pratiqués en ville, une adresse bon marché. L'unique grand hôtel de l'île magique de Cheung Chau offre de très belles vues sur la mer, près des plages où se louent planches de surf et kayaks. Belles promenades sur la côte, autour du cap. Mais mobilier banal et façade évoquant un édifice municipal des années 1960. ◈ *East Bay, Cheung Chau • plan C6 • 2981 0081 • www.warwickhotel.com.hk • $$.*

3 Harbour Plaza Resort City
Situé dans les Nouveaux Territoires. Nombreuses prestations sportives et de loisirs : salles de cinéma et de gym, boutiques, divers terrains de sport, restaurants chinois et internationaux, sites historiques et naturels. Salon et kitchenette dans toutes les chambres. ◈ *18 Yin Yan Rd, Tin Shui Wai, Nouveaux Territoires • plan C2 • 2180 6688 • www.harbour-plaza.com • $$.*

4 Jockey Club Mount Davis Youth Hostel
Au sommet du Mount Butler, à l'ouest de l'île de Hong Kong, un bel hôtel accueillant, idéal pour les aventuriers à petit budget. Accessible en taxi. ◈ *Mount Davis Path, Kennedy Town • plan D5 • 2817 5715 • www.yha.org.uk • $.*

5 Concerto Inn
Des chambres modestes mais propres, climatisées, avec TV et minibar, près du célèbre restaurant de pigeon Han Lok Yuen (p. 117). Parfait le temps d'une nuit sur l'île verdoyante, sans gratte-ciel, de Lamma. ◈ *28 Hung Shing Yeh, île de Lamma • plan D6 • 2982 1668 • www.concertoinn.com.hk • $$.*

6 White Swan Hotel
Sur l'île somnolente de Shamian, surplombant la rivière des Perles, un hôtel important mais charmant, idéal pour un moment de paix à Guangzhou. ◈ *1 Southern St, île de Shamian, Guangzhou • 8188 6968 • www.whiteswanhotel.com • $$$.*

7 Pousada de São Tiago
Une ancienne forteresse portugaise du XVIIᵉ s. creusée dans la roche reconvertie en luxueuse auberge de charme, avec vue sur la baie et la Chine. Dans les chambres, jolie décoration portugaise, un peu chargée. ◈ *Avenida de Republica, Fortaleza de São Tiago de Barra, Macao • 2387 8111 • $$$.*

8 The Westin Resort, Macao
Une escapade très agréable. Toutes les chambres disposent d'une terrasse avec vue sur la mer. Petite plage de sable et golf de 18 trous où a lieu l'Open de Macao. Practice sur l'océan. ◈ *1918 Estrada de Hac Sa, île de Coloane, Macao • 2887 1111 • www.starwoodhotels.com • $$$.*

9 Regency Hotel Macau
Superbe hôtel familial, convivial, parfait pour les vacances. Belles chambres de style portugais avec vue sur la mer et décoration minimaliste teintée d'orientalisme. Sublimes desserts et pâtisseries maison. ◈ *2 Estrada Almirante, île de Tapia, Macao • 2883 1234 • $$$.*

10 Pousada de Coloane
Minuscule et perdu au fin fond de l'île de Coloane, cet hôtel surplombe une belle plage. Belle terrasse, piscine et séduisant bar-restaurant de style portugais. Les chambres sont un peu fatiguées mais bien équipées. ◈ *Praia Chok Van, île de Coloane, Macao • 2888 2143 • $$.*

→ *Sauf indication contraire, tous les hôtels acceptent les cartes de paiement et les chambres disposent d'une salle de bains et de ma climatisation.*

Index

Les numéros de pages en **gras** renvoient aux entrées principales.

360° (restaurant) 129

A

A Lorcha 125
Aberdeen (port d') 73, 75
Acupuncture 33
Aéroport international de Hong Kong 43
Aguilar (cap d') 44
Ah Long Pakistan Halal Food 93
Álvares, Jorge 31
Amah Rock 101
Amaroni's Little Italy 99
American Peking Restaurant 71
Ancien poste de police, Stanley 16
Anne Black Guest House 152
Anhony's Catch 109
Antidote 52, 64
Ap Lei Chau 75
Apliu Street 97
Aqua Spirit 86
Archipel (îles de l') **112-117**
à photographier **116**
bars et restaurants **117**
plan 112
Argent 136
Artemis 98
Atrium, The 153
Auberges 143, 152
Avenida da Praia Grande, Macao 119
Avenue, The 84

B

Baanthai 109
Bacco 107
Bahama Mama's 86
Baignade 141
Balalaika 86, 87
Balcony 108
Ban Fan Floriculture 92
Bang & Olufsen 98
Banian sacré, île de Cheung Chau 24
Bank of China (tour) 10, 42
Banques **142**
Bar, The 86
Barker Road 9
Bars, cafés et clubs
Guangzhou **133**
Hong Kong pour petits budgets **143**
île de Hong Kong, le nord-est **71**
île de Hong Kong, le nord-ouest **64**
île de Hong Kong, le sud **77**
îles de l'archipel **117**
Kowloon – le nouveau Kowloon **99**
Kowloon – Tsim Sha Tsui 84, **86**

Macao **124**
night-clubs **52-53**
Nouveaux Territoires **107**
Shenzhen **129**
Bateaux-Dragons (fête des) 36
Bay Bridge Hotel 153
Beach Pub 107
Bei Yuan Jiujia 133
Beijing Club 52, 64
Beverley Centre 85
Bibliothèque centrale (Honk Kong Central Library) 142
Bicyclette 138
Biergarten 86
Birdcage, The 76
Bishop Lei International House 149
Black Sheep, The 77
Bookworm Café, Lamma 117
Booth Lodge 152
Boozer, The 107
Bossini 106
Bouddha (Grand) et monastère de Po Lin 7, **28-29**, 115, 116
Boundary Street 90
BP International House 151
Bradbury Lodge Youth Hostel 152
Bride's Pool 44, 105
Brown 71
Bus 41, 138, 140

C

Caffe'Cova 99
Caffè Toscana 125
Camões (jardins de) 120
Canidrome 123
Caritas Bianchi Lodge 152
Carlsberg Cup 37
Casablanca, Shenzhen 129
Casablanca Café, Macao 124
Casino flottant 123
Castle Peak (monastère de) 103
Cat Street (marché de) 38
Causeway Bay (port anti-typhon) 69
Cenotaph, The 10
Central 58-61
Central Green Trail (sentier) 47
Central Market 41
Central Plaza 43, 67
Centre, The 43
Century Plaza Hotel 150
Cha siu 50
Chan Chi Kee (coutellerie) 92
Change et transfert 142
Chao Shao-an (salle), Heritage Museum 21
Chaozhou Restaurant 129
Chaser's Pub 84
Chater Garden 11
Chee-Hwa, Tung 31
Cheung Chau (fête des Petits Pains) 36

Cheung Chau (île de) 7, **24-25**, 47, 115, 116
Cheung Kee, Cheung Chau 117
Cheung Kong Centre 43
Cheung Yeung (fête de) 37
Chi Lin (couvent de) 33, 96
Children's Discovery Gallery, Heritage Museum 20
China Bear, Lantau 117
China Folk Culture Village 127
China Hotel, Guangzhou 148
China Travel Service 136
Ching Chung Koon 102
Ching Ming (fête de) 36
Chong Fat Chiu Chow Restaurant 91
Chuan Guo Yan Yi 133
Chungking House, Chungking Mansions 152
Chungking Mansions 82, 84
Cimetière chinois 75
Cimetière militaire, Stanley 17
Circuits et promenades **46-47**, 138, 141, 145
Clan Chen (temple du) 131
Clearwater Bay 105
Climat 136, 139, 141
Clocktower 14, 33, 83
Club N° 9 64
Club « 97 » 64
Clube Militar de Macau 125
Combo Thai 99
Come Horseracing Tour 12, 13, 101, 145
Communications **142**
Concerto Inn 154
Conduire à Hong Kong 136, 138, 140
Conrad, The 147
Convention and Exhibition Centre 43, 67
Corner Café 107
Courses de chevaux 6, **12-13**
Courses internationales de bateaux-dragons 37
Cozinha Portuguesa O Manel 125
Crabtree and Evelyn 98
Cricket (tournoi de) 37
Crowne Plaza Hotel and Suites Landmark 150
Cultural Centre 82, 120
Cultures **34-35**

D

Dance (soirées) 53
Dauphins (observation des) 54, 114, 145
Davidoff 85
David's Shirts 63
Deep Water Bay 73
Delaney's 87
Di Matteo 133
Di Vino 65
Diamond (casino) 123
Dim sum 32, 51

Dom Pedro (théâtre) 121
Dong Jiang Hai Xian Da Jiu Lou 133
Dong Men (quartier de) 127
Dragon Centre 98
Dragon Culture 63
Dragon's Back 44, 74
Dragon-i 52, 64
Drogues 140
Duddell Street 62
Dynasty 87

E
East Rail Line 138
Eaton Hotel 149
El Cid 77
Elliot, Charles 31
Empire Hotel 151
Empire Hotel, Kowloon 149
Escalator 40, 41, 59
Espace (musée de l') 81
Espaço Lisboa 126
Ethnies **34-35**
Événements sportifs 37
Excelsior, The 148
Exchange Square 59
Excursions 145
Exp 99

F
Fa Yuen Building 92
Fairwood 93
Fanling 104
Fantômes affamés (fête des) 37
Fashion Walk 70
Fat Angelo's 71
Fat Jong (temple de) 96
Fax 142
Feather Boa 53, 64
Felicity Hotel 150
Felix 52, 84, 87
Feng shui 33
Fernando's 121, 125
Ferries 40, 138 voir aussi Star Ferry
Festive China 99
Fêtes et événements **36-37**
Flagstaff House 62
Flamingo 125
Football voir Carlsberg Cup
Foreign Correspondents Club 52
Fortaleza do Monte 120
Fortress 85
Fringe Club 64

G
Gaddi's 48, 87
Gage Street (marché de) 39
Galleria, le Peak 8
Garden Hotel, Guangzhou 148
Garden View International House 151, 153
Gaylord 87
George VI (statue de) 62
Golden Elephant Thai Restaurant 129
Golden Flamingo 76

Golden Mile 81 voir aussi Nathan Road
Golden Shopping Centre 98
Golf voir Open de Hong Kong
Government House (ancienne) 59
Grand Hyatt 147
Grey Wolf 129
Guangdong Hotel, Shenzhen 150
Guangdong Victory Hotel 150
Guangzhou **130-133**
bars et restaurants **133**
plan 130
Gucci 63
Guia (phare de) 119

H
Häagen Dazs 84
Hac Sa (plage de) 121, 122
Hainan (poulet) 50
Ham Tin (village de) 22-23
Han Lok Yuen, Lamma 117
Hang Heung (boulangerie) 106
Happy Valley, Shenzhen 128
courses à Happy Valley 6, **12-13**, 68
Harbour City 84, 85
Harbour Plaza 148
Harbour Plaza Resort City 154
Harbour View International House 151
Harlech Road 9
Hau Wong (temple de) 97
Hébergements 146 voir aussi Hôtels
Hélicoptère (tours d') 145
Heritage Museum 7, **20-21**, 102
Histoire **30-31**
HKTB (Hong Kong Tourist Board) 139
Hoi Ha Wan 44
Holiday Inn Golden Mile 148
Holiday Inn, Macao 150
Hollywood Road 46, 61
poste de police 62
Holy Carpenter Guest House 152
Hometown Teahouse, Cheung Chau 117
Honey Lake Resort 128
Honeymoon Dessert 108
Hong Kong (nord-est de l'île de) **66-71**
bars et restaurants **71**
magasins **70**
plan 66
Hong Kong (nord-ouest de l'île de) **58-65**
bars et clubs **64**
magasins et boutiques de luxe **63**
plan 58
restaurants **65**
vestiges coloniaux **62**

Hong Kong (sud de l'île de) **72-77**
bars et restaurants **77**
magasins d'usine, Ap Lei Chau **76**
plan 72
Hong Kong Central Library (Bibliothèque centrale) 142
Hong Kong Convention and Exhibition Centre 43, 67
Hong Kong Cycling Association 138
Hong Kong Disneyland 54
Hong Kong Gold Coast Hotel 154
Hong Kong Hotel Association 146
Hong Kong Land Loop 47
Hong Kong Railway Museum 101
Hopewell Centre 68
Hôpital militaire (ancien) 37, 62, 68, 101, 145
Hôpitaux et services médicaux 140, 141
Horizon Plaza 76
Hotel Lisboa 121, 123
Hotel Royal, Macao 150
Hôtels
escapades **154**
hébergements bon marché **152**
hôtels à prix moyens, Hong Kong **149**
hôtels à prix moyens, Macao et Chine **150**
hôtels de bon rapport qualité/prix **151**
hôtels de long séjour (appartements-hôtels) **153**
hôtels de luxe **148**
palaces **147**
House of Canton 99
HSBC Bank (siège de la) 11, 42
Hsu, Lin Tse 31
Hua Lin (temple de) 131
Hutong 87

I
IKEA 106
IKEA Restaurant 108
IndoChine 1929 65
Informations à l'aéroport 137-138
Informations et équipements pour hommes d'affaires 139, 142
Inside 76
InterContinental Hong Kong 147
International Finance Centre 15, **42-43**, 59
Internet 142, 143
Island Beverley 70
Island Shangri-La 147
Isogai, Rensuke 31
IT 92
Izzue 92

J
J-01 70
Jacob's Ladder 45
Jade Market 39, 90, 91

Jah 64
Japan Fusion 133
Jardin aux oiseaux 39, 89, 91
Jardine's Bazaar 38
Jardins voir Parcs et jardins
Jardins zoologique
   et botanique 54
Jaspa's 109
Jazz Club, The 53
Jeu 123
JIA Boutique Hotel 149
Jimmy's Kitchen 65
JJ's 71
J M Chef 133
Jockey Club 13
Jockey Club Mount Davis
   Youth Hostel 154
Joe Bananas 71
Jonques 32, 145
Journaux 139
Joyce 85
Joyce Warehouse 76
Jusco 70

K
Kadoorie Farm 102
Kam Pek (casino) 123
Kam Tin 104
Karting 96
Kau Kee 65
Kee 52
Kimberley Hotel 149
King Wah Building 92
Kong Lung Seafood 99
Kowloon (mosquée de) 82
Kowloon (parc de) 55, 83, 84
Kowloon-Canton (ligne de
   chemin de fer, KCR) 138
Kowloon Hotel 149
Kowloon – le nouveau
   Kowloon **94-99**
   bars et restaurants **99**
   boutiques **98**
   plan 94
Kowloon Shangri-La 147
Kowloon – Tsim Sha Tsui
   80-87
   bars **86**
   boutiques **85**
   plan 80
   postes d'observation **84**
   restaurants **87**
Kowloon – Yau Ma Tei, Mong
   Kok et Prince Edward **88-93**
   boutiques originales **92**
   plan 88
   restaurants bon marché
   93
Kung Tak Lam 49

L
La Salle Court 153
Ladies Market 38, 90
Lamma voir Archipel (îles de l')
Lan Kwai Fong 60
Lancôme 85
Landmark Centre 10, 63
Landmark Mandarin Oriental,
   The 147
Lane Crawford 63

Lane Crawford Outlet 76
Langham Hotel 147
Langues 136, 141
Lantau voir Archipel (îles de l')
Lanterns (fête des) 36
Lardos Steak House 108
Largo do Senado 119
Laurel Restaurant 129
Lee Gardens 70
Legco Building 62
Legislative Council Building 11
Lei Chung Uk (tombeau de) 97
Lei Yue Mun 96, 97
Light Vegetarian 93
Lion Rock 95, 97
Lion's Nature Education Centre
   55
Lippo Towers 43
Livres et cartes 139
Lobby Lounge, The
   (Eaton Hotel) 93
Lobby Lounge, The
   (InterContinental Hong Kong)
   86
Location de voitures 138
Lock Cha Tea Shop 63
Lockhart Road 67, 69
Log-On 98
Long Ke Wan 105
Lou Lim leoc (jardin de) 122
Lucy's 77
Lucy's, île de Shamian 133
Lugard Road, le Peak 9
Lung Wah Hotel 109
Luo Hu Commercial City 127
Luxe Manor, The 149

M
M at the Fringe 49, 65
Ma On Shan 45, 105
Macao **118-125**
   cafés, bars et clubs **124**
   où flâner **122**
   où jouer **123**
   restaurants **125**
   plan 118
Macao (Grand Prix de) 37
Macau Jazz Club 124
Macau Jockey Club 123
Macau Tower 122
Macdonnell Road 2, 151, 153
MacLehose Trail (sentier) 46
Magasins et boutiques
   horaires d'ouverture 144
   île de Hong Kong,
      le nord-est **70**
   île de Hong Kong,
      le nord-ouest **63**
   île de Hong Kong, le sud **76**
   Kowloon – le nouveau
      Kowloon **98**
   Kowloon – Tsim Sha Tsui **85**
   Kowloon – Yau Ma Tei, Mong
      Kok et Prince Edward **92**
   marchés **38-39**
   Nouveaux Territoires **106**
   symbole QTS 144
   taxe de consommation 144
Magazines 139
Mai Po (marais de) 44, 105

Man Mo (temple de) 61
Manger dans la rue (dai pai
   dong) 18-19
Mandarin Grill + Bar 49, 65
Mandarin Oriental, Hong Kong
   11, 147
Marathon de Hong Kong 37
Marathon Sports 70
Marché aux fleurs 89, 91
Marché aux poissons rouges
   39
Marché du Jade (Jade Market)
   39, 90, 91
Marché du Jade, Guangzhou 131
Marché de nuit de Temple
   Street 7, **18-19**, 38, 46, 89
Marchés **38-39**
Marks & Spencer 106
Mason, Richard 67-68
Massages 33
Matahari 76
McSorley's Ale House 117
Médecine chinoise 33
Médicaux (services) 140
Melting Pot, The 106
Mes Amis 86
Métro MTR 40
Metropole Hotel, Macao 150
Mezzaluna 85
MGM Grand 123
Mi-Automne (fête de la) 37
Ming Kee Seafood, Po Toi 117
Minsk World 127
Mirador Mansions 84
Mira, The 149
Mission Hills (golf de) 128
Missions étrangères 62
Monastères voir Temples
   et monastères
Monde de Suzie Wong (Le),
   Richard Mason 61, 67-68
Mongkok Computer Centre 92
Monnaie 136
Moon cakes 50, 106
Moon Garden Tea House 71
Moon Koon Restaurant 12, 13
Moonwalker 124
Morton's of Chicago 87
MTR (Mass Transit Railway)
   40, 138, 140
Mui Chai Kee 93
Mui Wo, Lantau 113, 115
Murray Building, Stanley 16
Musées
   excursions 145
   Hong Kong pour petits
      budgets 143
   Heritage Museum 7, **20-21**,
      102
   Hong Kong Railway Museum
      101
   musée d'Art 82
   musée d'Art, Guangdong 132
   musée d'Histoire 81
   musée de Macao 122
   musée de l'Espace 81
   musée des Sciences 54, 82
   Musée maritime 122
   Racing Museum 12
My Jewellery 106

N

Nankin (traité de) 30
Nanyue (tombeau de) 132
Nanyuan Lu 129
Nathan Road 46-47, 81
Ned Kelly's Last Stand 86
New Century Hotel, Macao 150
New King's Hotel 152
New Tak Kee Seafood Restaurant 108
Ngong Ping Cable Car 28, 55
Nicholini's 48
Night-clubs *voir* Bars, cafés et clubs
Nishimura 129
Noël 37
Noonday Gun (canon) 67
Nouveaux Territoires **100-109**
   bars **107**
   boutiques **106**
   manger sans se ruiner **108**
   plan 100
   restaurants **109**
   splendeurs naturelles **105**
   villages historiques et villes nouvelles **104**
Nouvel an chinois 36
Nova Guia 124

O

Ocean Park 54, 73
Octopus (carte) 138
Old Peak Road 9
One Harbour Road 49, 71
One-Thirty-One 109
Open de Hong Kong 37
Opéra cantonais 32
Opiarium Café 124
Opium (guerre de l') 30
Oriental Golf City 95
Oskar's Pub 124
Overjoy Porcelain Factory 106
Oyster and Wine Bar 87

P

Page One 70, 98
Pak Sha O Hostel 152
Pak Tai (temple de) 24
Panglin Hotel, The 150
Parc de Hong Kong 59, 69
Park Lane 148
Parcs et jardins *voir aussi* Splendeurs naturelles
   Hong Kong pour petits budgets 143
   Chater Garden 11
   parc naturel de Pok Fu Lam 9
   parc Victoria 47, 68-69
   Victoria Peak Garden 9
Passeport 136
Patten, Chris 11, 31
Peak (le) 6, **8-9**, 46, 140
Peak Lookout, The 8
Peak Tower 8
Peak Tram 9, 40, 140
Pedder Building 63
Peel Street (22) 153

Peking Restaurant 93
Peng Chau 115
Peninsula Hotel 81, 147
Pepperoni's 77, 108
Peste 60
Petits Pains (fête des) 36
Phi-b 64
Pickled Pelican 77
Ping Kong 104
Pirates (grotte des), île de Cheung Chau 25
Plantation Road, le Peak 9
Plover Cove 105
Pok Fu Lam (parc naturel) 9
Pollution de l'air 139, 141
Post « 97 » *voir* Club « 97 »
Poste 142
Po-Tsai, Cheung 31
Po Lin (monastère de) *voir* Grand Bouddha et monastère de Po Lin
Po Toi *voir* Archipel (îles de l')
Poets 107
Pottinger, sir Henry 31
Pousada 107
Pousada de Coloane 122, 154
Pousada de São Tiago 122, 154
Praya, The, Cheung Chau 47
Prince's Building 10, 63
Protestant (cimetière) 120
Publications gouvernementales 139

Q

Qing Wa Ju 133

R

Racing Museum 12
Radio 139
Railway Tavern 107
Rainbow Seafood, Lamma 117
Reclamation Street 91
Reclamation Street (marché de) 19
Réflexologie 32
Regal Airport Hotel 149
Regal Riverside Hotel 107
Regency Hotel Macau 154
Renaissance Harbour View 149
Replay 76
Repulse Bay 74
Repulse Bay Hotel 153
Restaurante Pinocchio 125
Restaurants **48-49**
   archipel (îles de l') **117**
   Guangzhou **133**
   Hong Kong pour petits budgets **143**
   île de Hong Kong, le nord-est **71**
   île de Hong Kong, le nord-ouest **65**
   île de Hong Kong, le sud **77**
   Kowloon – le nouveau Kowloon **99**
   Kowloon – Tsim Sha Tsui 84, **87**
   Kowloon – Yau Ma Tei, Mong Kok et Prince Edward **92**
   Macao **125**

Nouveaux Territoires **108-109**
Shenzhen **129**
Rétrocession (négociations sur la) 11, 31
Rice Bar 64
Rickshaws 41
Rise Commercial Building 85
Ristorante Firenze 109
Rosedale on the Park 151, 153
Royal Garden Royal Hotel Macao 150
Royal Park Chinese 109
Rua da Felicidade 122
Rugby 37
Ruinas do São Paulo 119, 121

S

Sai Kung 104
Sai Kung (péninsule de) *voir* Tai Long Wan
Sai Wan (village de) 23
Saigon at Stanley 77
Saint's Alp Teahouse 93
Salisbury YMCA, The 151
Sam's Tailor 85, 144
San Mun Tsai 105
Sands 123
Sandy Chung 92
Sanshiro 121, 124
Santé et vaccins 136, 141
Santé et soins de beauté 33, 128
São Domingos 122
Sasa Cosmetics 92
Schnurrbart 86
Sciences (musée des) 54, 82
Sécurité 141
Seibu 63
Seminario de São Jose 121
Severn Road, le Peak 9
Sha Lo Tung 45
Sha Tin 104
Sha Tin (courses de) 101
Shaffi's Indian 108
Shalimar 108
Sham Tseng Yue Kee Roast Goose Restaurant 109
Shamian (île de) 131
Shamrock 151
Shanghai Street 91
Shanghai Tang 63
Shangri-La Hotel, Shenzhen 148
She Wong Lam 33
Shek O 74
Shenzhen **126-129**
   bars et restaurants **129**
   plan 126
Sheraton 148
Sheung Shui 104
Sheung Wan 60
Silver Lining 13
Sites Internet 139
Sky Lounge 86
Smuggler's Inn 77
Snoopy's World 55
Sogo 70
SoHo 60

Soho Restaurant and Nightclub 129
Sok Kwu Wan, Lamma 114
Solmar 125
Sony Pro Shops 92
Sorties pour les enfants, Hong Kong **54-55**
Space 76
Spa 33
Spécialités culinaires **50-51**
Spices 77
Splendeurs naturelles **44-45**, 105
Splendid China 127
Spoon 48, 87
Spring Garden Lane 70
St John's (cathédrale) 62
St Stephen's (plage de), Stanley 17
Stanley 7, **16-17**, 75
Stanley (marché de) 16, 39
Star Ferry 6, **14-15**, 40, 83, 138
Star House 85
Statue Square 6, **10-11**
Staunton 153
Steamers 107
Stoep, Lantau 117
Sun Ming Yuen Seafood 108
Sun Yat-sen Memorial House 122
Sunday Filipino Fiesta 11
Sunset Peak, Lantau 113
Suzuya 106
Suzie Wong 67-68
Sze Lok Yuen Hostel 152

T
Tai-chi 33, 143
Tai Long Sai Wan 22-23
Tai Long Wan 7, **22-23**, 45, 105
Tai Mo Shan 105
Tai O, Lantau 113, 115, 116
Tai Ping Koon 93
Tai Po 104
Tai Po Kau 105
Tai Wan 22-23
Tak Foon Heen 93
Talker Pub 124
Tang 133
T'ang Court 48
Tap Mun 115
Tap Mun Chau 104
Tasty Congee Noodle Wanton Shop 71
Taxis 41, 138
Téléphone 142
Télévision 139
Temples et monastères
couvent de Chi Lin 33, 96
monastère de Castle Peak 103

Grand Bouddha et monastère de Po Lin 7, **28-29**, 115, 116
monastère des Dix Mille Bouddhas 101
monastère trappiste, Lantau 113
temple de Fat Jong 96
temple de Hau Wong 97
temple de Hua Lin 131
temple de Man Mo 61
temple de la Piété filiale 132
temple de Pak Tai 24
temple de Tin Hau, île de Hong Kong 69
temple de Tin Hau, Kowloon 89
temple de Tin Hau, Nouveaux Territoires 103
temple de Tin Hau, Stanley 17
temple de Wong Tai Sin 95, 97
temple du Clan Chen 131
temple des Six Banians 132
Thomas Jackson (statue de) 11
Tin Hau (fête de) 36
Tin Hau (temple de), île de Hong Kong 69
Tin Hau (temple de), Kowloon 89
Tin Hau (temple de), Nouveaux Territoires 103
Tin Hau (temple de), Stanley 17
Top Deck 49, 77
Totts Asian Grill and Bar 71
Tourist Board (HKTB) 139
Toys Club 76
Toys 'R' Us 85
Trailwalker 37
Tramways 40, 138
Transport 40-41, 138
Trappiste (monastère), Lantau 113
Treasure Inn Seafood Restaurant 32
Triades 90
True Colors Dong Men 129
Tsang Tai Uk 104
Tsing Ma (pont de) 42, 116
Tso Choi 99
Tuen Ng voir Bateaux-Dragons (fête des)
Tung Kee Seafood Restaurant 109
Tung Wan (plage de) 25
Two IFC Tower 15, **42-43**, 59

U
Universal Models 106
Urgences 140

V
V13 64
Venerable Banyan Tree, île de Cheung Chau 24
Venetian, The 123, 147
Verandah, The 48, 77
Victoria (parc) 47, 68-69
Victoria (port) 15
Victoria Peak voir le Peak
Victoria Peak Garden 9
Visage Free 53
Visa 136
Voyager
arriver à Hong Kong **137**
se déplacer à Hong Kong **40-41**, 138

W
Walled City Park, Kowloon 95
Wan Chai 68
Warwick, The 154
Waterfront Promenade 84
Wesley, The 153
Westin Resort, Macao 154
Whamey, The 151
White Cloud Mountain 132
White Swan Hotel 154
Window of the World 128
Wing Lai Yuen 99
Wing Wah (boulangerie) 106
Wong Tai Sin (temple de) 95, 97
Wonton 51
Wynn 123, 148

X
Xiaoping, Deng 31
Xtreme 107

Y
Yat-sen, Sun 31
Yau Ley 108
Ye Shanghai 65
YMCA 143, 146, 151
Yue Laan voir Fantômes affamés (fête des)
Yuen Siu voir Lanternes (fête des)
Yuen Yuen Institute 102
Yuet Chung China Works 98
Yuexiu (parc) 132
Yung Kee 65
Yung Shue Wan, Lamma 114

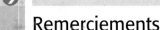

Remerciements

Les auteurs
Jason Gagliardi, écrivain de voyages free-lance, partage son temps entre Hong Kong et Bangkok; Liam Fitzpatrick travaille pour le Hong Kong Tourist Board et vit à Londres; Andrew Stone est un écrivain de voyages free-lance basé à Hong Kong.

Édité par Blue Island Publishing, Highbury, London

Direction éditoriale : Rosalyn Thiro
Direction artistique : Stephen Bere
Iconographie : Ellen Root
Avec la collaboration de : Amaia Allende
Correction et index : Michael Ellis
Lecture-correction : Emily White

Photographie
Nigel Hicks, Chris Stowers

Photographies d'appoint
Dave King, Steven Lam, David McIntyre, David Murray, Jules Selmes, Paul Williams

Maquette : Lee Redmond
Cartographie : James Macdonald, Mapping Ideas Ltd

CHEZ DORLING KINDERSLEY :
Directrice générale : Louise Lang
Directrice éditoriale : Kate Poole
Directrice artistique : Marisa Renzullo
Directeur de la publication : Gillian Allan
Éditeur : Douglas Amrine
Cartographie : Casper Morris
PAO : Jason Little, Conrad van Dyk
Production : Sarah Dodd
Collaboration artistique et éditoriale :
Anne Frieberger, Katharina Hahn, Maite Lantaron, Pure Content, Alison Roberts

Crédits photographiques
L'éditeur tient à remercier toutes les personnes lui ayant donné l'autorisation de photographier les musées, hôtels, restaurants, bars, clubs, casinos, magasins, galeries et autres sites apparaissant dans ce guide.

h = haut; hg = en haut à gauche; hd = en haut à droite; hc = en haut au centre; hcd = en haut au centre à droite; c = au centre; hc = en haut au centre; hcg = en haut au centre à gauche; bc = en bas au centre; cd = au centre à droite; b = en bas; bg = en bas à gauche; bd = en bas à droite; g = à gauche

1920 RESTAURANT AND BAR : 133hg; ALAMY IMAGES : Carmo Correia 123hd; dbimages 137hd; Doug Houghton 89bd; avec l'aimable autorisation de AMARONI'S LITTLE ITALY : 99hg; JOHN ARNOLD : Travel Pix Collection 92hd; avec l'aimable autorisation de THE BIRDCAGE : 76hg; avec l'aimable autorisation de BOCA : 64hc; CAFE DECO GROUP : 48hg; CORBIS : Bettmann 30hc/bg; Horace Bristol 30bd ; Michael Freeman 94hg; Adam Woolfitt 119h; avec l'aimable autorisation de DIVINO : 52c; avec l'aimable autorisation de FRINGE CLUB : 64hg; avec l'aimable autorisation du HARBOUR PLAZA : 154hc; HARVEY NICHOLS & CO LTD : 63hg; NIGEL HICKS : 8-9, 44hc/bd, 47hg, 72hc, 78-79, 102hd, 110-111; avec l'aimable autorisation du HONG KONG HERITAGE MUSEUM : 7ch, 20hd, 21dh; avec l'aimable autorisation du HONG KONG SCIENCE MUSEUM : 55hg; HONG KONG TOURISM BOARD : 8g, 14hg/b, 28c, 30hg, 32hg/hc/hd/c/b, 33hg/hc/hd/bg, 34c, 35h, 36hg/hc/hd/c/b, 37hg/hd/cdh/cd/bdh/bd, 40hc/hd, 44hg/hd/c/bg, 46hd, 50hc, 72hg, 80hg/c, 83hg, 103hd/cd, 116hd, 137hg, 138hg, 139hg/hc/hd, 141hg/hc/hd, 142hg, 143hd, 144hg, 145hd/hg, 146hg/hc, 148hd; avec l'aimable autorisation de l'INTERCONTINENTAL HONG KONG : 92hd ; Alain Ducasse : 84hd; avec l'aimable autorisation du ISLAND SHANGRI-LA : 147hg; avec l'aimable autorisation du KIMBERLEY HOTEL : 149hc; avec l'aimable autorisation du KOWLOON HOTEL : 149hg; avec l'aimable autorisation de LEONARDO MEDIA BV : 53hg, 84hd, 93hd, 107hd, 124hc; avec l'aimable autorisation du MANDARIN ORIENTAL HOTEL GROUP : 49hg, 65hg, 147hc; avec l'aimable autorisation du MACAU GOVERNMENT TOURIST OFFICE : 137hc, 150hg/hc/hd; avec l'aimable autorisation de MELTING POT : 106hg; MARITIME MUSEUM, London : 30c; NGONG PING 360 : 29hg; OCEAN PARK : 54hc; PAGE ONE THE DESIGNER BOOKSHOP LTD : 70hd; PANOS PICTURES : Chris Stowers 3hd, 8b, 14hd, 18-19, 19h, 30hd, 31h, 34hd, 38bd, 63hg, 66c/hd, 75hd, 88hg, 152hd; avec l'aimable autorisation du PENINSULA HOTEL : 146hd; avec l'aimable autorisation de POUSADA : 107hc; avec l'aimable autorisation du SHERATON HONG KONG : 148hc; SHUTTERSTOCK : Itinerant Lens 2hd; snowhite 108hg; VENETIAN MACAU LTD : 123h; avec l'aimable autorisation du WARWICK HOTEL : 154hg; WYNN MACAU : 123hg.

Couverture
1ère de couverture : Reed Kaestner/DK Images. 4ème de couverture : Wigel Hicks/DK Images (bg) ; DK Images (bd)
Toutes les autres photographies sont de © Dorling Kindersley. Consultez le site : www.dkimages.com

Crédits cartographiques
Cartographie de Bartholomew Digital
Site : www.bartholomewmaps.com